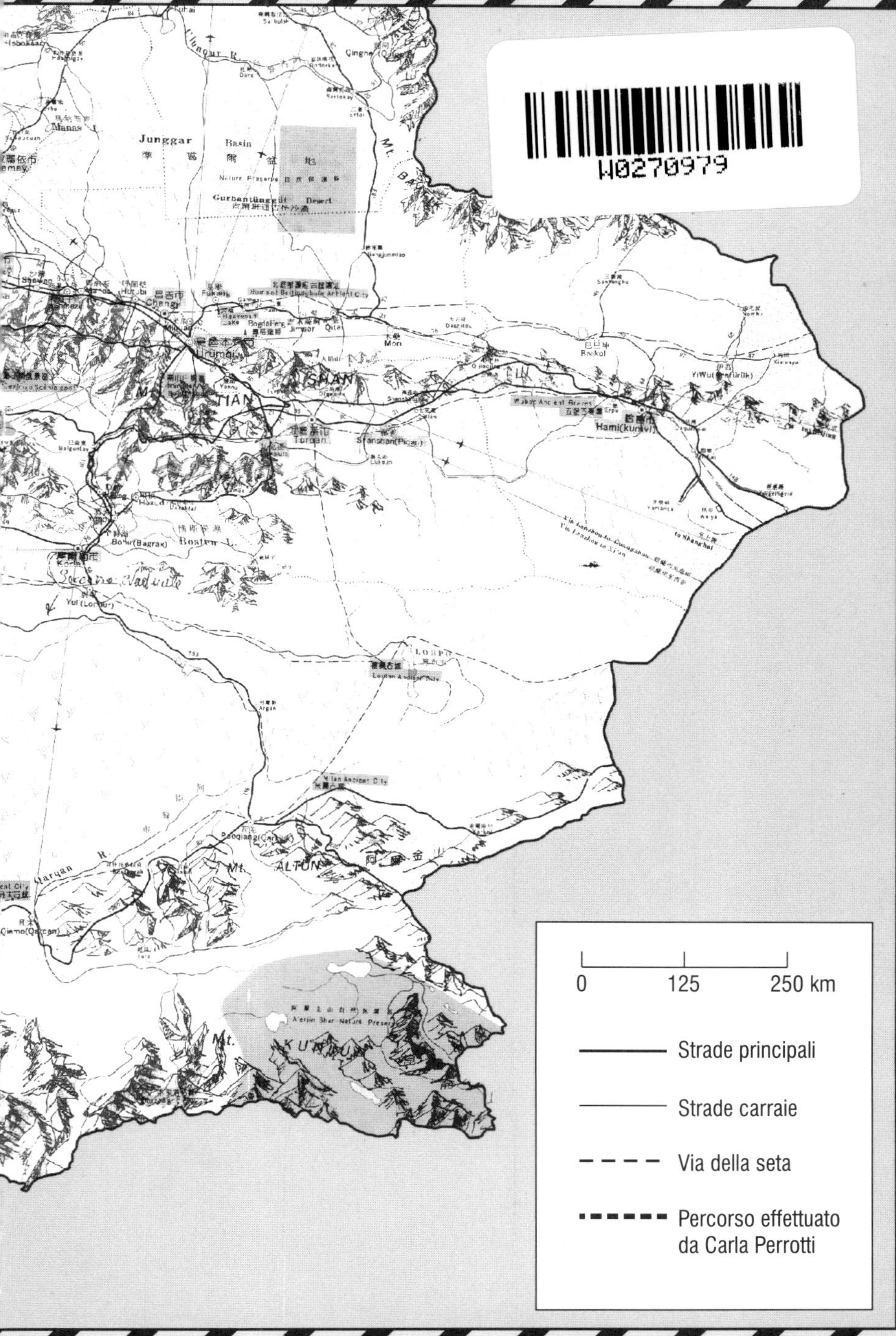

Junggar Basin
Gurbantünggüt Desert
Urumqi
Turpan
Hami(kumul)
Korla
Bosten L.
Qarqan R.
Mt. ALTUN
Mt. KUNLUN
Via Lanzhou to Xi'an
to Shanghai
0
125
250 km
Strade principali
Strade carraie
Via della seta
Percorso effettuato da Carla Perrotti

Angela e Sandro
luglio 09

EXPLOITS

CARLA PERROTTI

SILENZI DI SABBIA

CORBACCIO

www.corbaccio.it

Le fotografie sono di Carla e Oscar Perrotti

ISBN 88-7972-699-4

A Oscar, compagno affettuoso di una vita di imprese estreme, un grazie di cuore per aver diviso con me tante fatiche e tante gioie.

A Max che ha avuto in sorte una mamma particolare ma sempre vicina.

A Italo, mio fratello, approdo sicuro dopo ogni traversata.

Sono tutta la mia famiglia e li amo sopra ogni cosa.

Dedico questo libro ai miei genitori, Mary e Dino Monnosi, che continuano a seguirmi con l'amore di sempre anche da lassù e mi aiutano a superare serenamente i piccoli e grandi deserti quotidiani.

DESERTO DEL TAKLIMAKAN

Una nuova impresa

A ogni passo la sabbia tenta di risucchiarmi nei buchi che le impronte dei piedi lasciano sul terreno; punto con forza le racchette per aiutarmi nell'immane fatica di uscire dalla trappola, ma appena riesco a muovere un altro passo ripiombo nella sabbia molle che inesorabile si chiude imprigionandomi fino alla caviglia. Impreco sottovoce e intanto mi concentro ancora di più nello sforzo, cercando di non lasciarmi sopraffare dallo sconforto; vado avanti a testa bassa, mentre continuo a sprofondare senza un attimo di pausa, schiacciata dal peso dello zaino. Sento il cuore pulsare contro la cassa toracica e i battiti rimbombano amplificati fino ad arrivare al cervello, ne controllo la frequenza sull'orologio digitale che porto al polso collegato alla cintura del cardiofrequenzimetro legata al torace: segna 140 pulsazioni al minuto, più del doppio dei miei valori abituali.

Gli spallacci dello zaino sono larghi e bene imbottiti ma nonostante ciò li sento affondare sempre più nelle spalle, sembra che stiano scavando in quel poco di carne rimasta a ricoprire i muscoli allenati da mesi di lavoro in palestra. Anche se la maggior parte del peso viene scaricata sul bacino grazie alla cinghia imbottita che mi fascia i fianchi, la tensione è fortissima e ho l'impressione di essere trascinata verso il basso; lotto quasi con rabbia per andare avanti, come se una sosta mi condannasse a venire risucchiata dal terreno. Mi vengono in mente le sabbie mobili e immagino di finire inghiottita per sempre da questa massa soffice che si richiude sul mio corpo, senza lasciare alcuna traccia del mio passaggio. Istintivamente stringo al massimo la cinghia, per aumentarne l'aderenza contro l'addome, e intanto cerco di scacciare i pensieri negativi. Continuo a ripetere a me stessa che devo abituarmi gradualmente a questo assetto di marcia così inusuale e faticoso e intanto cammino, cercando di concentrarmi su tutte le possibili soluzioni per non soffrire: «Ogni passo è uno in meno da fare», racconto all'altra parte di me che stenta ad accettare la nuova situazione. Consulto l'orologio e vedo che dall'ultima sosta sono trascorsi solamente venticinque minuti. Giro la situazione in positivo e comunico a Carla numero due: «Ancora trentacinque minuti e poi mi fermo a riposare, chissà quanti chilometri riesco a percorrere in un'ora, quattro? oppure quattro e mezzo?» Con questo pensiero in testa accelero automaticamente l'andatura, come se dovessi battere un avversario virtuale e subito il cuore aumenta il ritmo pompando con maggior forza, quasi a voler scandire i passi, sincronizzandosi al movimento accelerato di gambe e braccia.

Sono partita da poche ore per la più lunga e impegnativa delle mie traversate: quella del temuto deserto del Taklimakan in Cina, la più grande area inabitabile del pianeta dopo il Sahara.

Indietro nel tempo

Dopo l'ultima esperienza nel deserto del Kalahari con i boscimani che risale al 1996, ho sentito sempre più forte il bisogno di ritornare nel deserto. Nonostante i segni lasciati dalla fatica e dalle privazioni, desideravo mettermi ancora una volta alla prova, per capire fino a che punto potevo spostare quei limiti invisibili che finora non ero riuscita a scoprire del tutto. Per farlo era necessario cimentarsi in un'impresa ancora più difficile, dove nessun altro era ancora arrivato a misurarsi; in una parola: tentare l'impossibile. Inoltre volevo portare avanti il progetto che ormai avevo identificato con il nome di 'un deserto per ogni continente'. Dopo avere attraversato il Tenéré nel Nord Africa, il Salar de Uyuni in Sud America e il Kalahari nell'Africa australe, considerando il fatto che in Europa non ci sono deserti, non restavano che l'Australia e l'Asia; proprio su quest'ultima è caduta la scelta.

I deserti asiatici sono estremamente affascinanti e ancora poco conosciuti, anche perché il movimento turistico è molto limitato in alcune zone e la mancanza di strutture adeguate non permette di viaggiare in sicurezza; inoltre spesso è difficile accedervi per problemi legati alla politica dei paesi in cui si trovano. Solo da pochi anni la Cina ha aperto del tutto le sue frontiere al mondo occidentale, anche se con alcune limitazioni, e finalmente viaggiare in quel paese così lontano da noi sia geograficamente sia culturalmente non è più un privilegio concesso a pochi. Il deserto dei Gobi è senza dubbio il più noto e conosciuto fra tutti, ma per i cinesi il deserto simbolo del paese, di cui vanno giustamente orgogliosi, è il Taklimakan. Nessuno vi si è mai avventurato a piedi, e solo poche carovane lo hanno percorso seguendone il più delle volte i bordi.

Per mesi ho raccolto il materiale disponibile (in verità piuttosto scarso) su questo luogo e, man mano che la ricerca proseguiva, la voglia di tentare la traversata a piedi aumentava sempre più. Purtroppo anche le difficoltà nell'organizzare un'impresa di questo tipo aumentavano di giorno in giorno, sia per la poca documentazione attendibile sia per le difficoltà ad avere notizie sicure circa le caratteristiche climatiche e la composizione morfologica dell'ambiente: in sostanza bisognava inventarsi tutto, partendo dal poco che avevo a disposizione.

Come è successo per le altre imprese, anche questa volta sono arrivati i segnali giusti che mi incoraggiavano a insistere con il progetto: in particolare è stato un amico, Renato Moro, a darmi la possibilità di andare avanti. Da alcuni anni, Renato si occupa, per conto della sua agenzia, di organizzare alcune tra le più note e importanti spedizioni alpinistiche tra Cina, Nepal e Tibet, e questa sua attività gli permette di avere contatti continuativi e sicuri con le autorità dei paesi nei quali opera. Messo al corrente del mio progetto, si è subito attivato per cercare di capire quali fossero i grossi ostacoli da affrontare per primi in fase di preparazione e così sono iniziati gli infiniti contatti telefonici e a mezzo fax con la Cina. Come sempre in questi casi, bisogna fare i conti con i diversi tempi di lavoro degli orientali, resi più complicati dalla lingua; infatti ancora oggi in Cina solo un limitatissimo numero di persone conosce l'inglese, e quindi tutti i messaggi andavano tradotti dall'italiano in inglese e da quest'ultimo in cinese, sempre che la persona capace di fare ciò fosse disponibile! Nonostante il massimo impegno, le risposte ai nostri messaggi stentavano ad arrivare, e spesso passavano settimane senza notizie: un'autentica guerra di nervi che avrebbe stancato chiunque, ma non noi.

Il progetto che avevo in mente consisteva nell'attraversamento a piedi e in autonomia del deserto del Taklimakan, completamente da sola: questa era la mia idea, ma sarebbe poi stato possibile realizzarla?

Ancora una volta gli sponsor, grazie anche ai successi precedenti, erano disposti a fornirmi tutto il loro appoggio, ma volevano notizie più dettagliate e soprattutto capire come avrei affrontato i problemi legati all'acqua, grande incognita e angoscia di tutte le prove nei deserti. Purtroppo dall'Italia non si riuscivano a reperire notizie sicure, e intanto i tempi si stavano allungando troppo: bisognava trovare una soluzione al più presto.

In un incontro decisivo con i responsabili dei progetti degli atleti nella sede di Sector, lo sponsor principale, fu deciso che prima di dare il via ufficialmente all'impresa avrei compiuto un sopralluogo preliminare in Cina, per studiare l'ambiente e capire quali erano le possibilità concrete di realizzazione: finalmente qualcosa si stava muovendo.

Verso il Taklimakan

Arrivo in Cina ai primi di aprile del 1998, esattamente a due anni di distanza dall'ultima impresa nel deserto del Kalahari. Con me ci sono Renato Moro e mio marito Oscar, che oltre a essere medico è responsabile anche della parte video e fotografica. Oscar mi ha seguito anche in tutte le precedenti imprese, come coordinatore e membro della squadra di supporto. La sua presenza per me è indispensabile anche psicologicamente; sapere che il mio compagno è sul posto pronto a intervenire mi aiuta ad affrontare con maggior sicurezza la traversata. Il compito principale del team che mi assiste è quello di mantenere con me un contatto radio, quando è possibile effettuare il collegamento, per conoscere la mia posizione ed essere quindi in grado di organizzare il soccorso in caso di emergenza. Naturalmente dal momento della partenza fino all'arrivo non vedo mai i miei compagni; i loro spostamenti avvengono con veicoli fuoristrada lungo percorsi diversi dal mio, più sicuri e accessibili alle auto e distanti parecchie decine di chilometri rispetto alla rotta che ho scelto di percorrere.

Renato, ex alpinista, abituato a organizzare spedizioni in montagna ad alta quota tra neve e ghiacciai, per la prima volta si trova ad affrontare la sabbia e il caldo del deserto: nell'osservarlo mi convinco ancora di più che ognuno di noi è naturalmente predisposto a vivere in determinate condizioni ambientali e climatiche, nelle quali il fisico riesce a dare il meglio con un ridotto dispendio di energie. Al contrario, quando ci troviamo in ambienti a noi poco congeniali, il nostro organismo deve sottoporsi a un processo di adattamento molto più faticoso. Questo spiega in parte la capacità di alcuni individui di raggiungere altissime performance in situazioni ritenute impossibili per la maggior parte di noi.

Dopo un lungo volo dall'Italia fino a Pechino si prosegue per Urumqi, grande città situata a nord-ovest rispetto alla capitale. In aeroporto troviamo ad attenderci Mister Jin, il corrispondente di Renato in Cina che ha l'incarico di occuparsi di tutti i problemi legati alla logistica e all'organizzazione del sopralluogo. Finalmente conosco la persona con la quale per mesi abbiamo comunicato solo con fax e telefono ed è esattamente l'opposto di quello che mi ero immaginata. A parte il viso tondo e gli occhi a mandorla, il suo aspetto non ha proprio nulla di cinese, almeno secondo i nostri stereotipi europei: è alto, piuttosto robusto, con un fisico atletico e lunghe gambe muscolose, forgiate dal continuo e costante allenamento in montagna; Jin infatti è anche una guida himalayana e la maggior parte del suo lavoro consiste proprio nell'accompagnare le spedizioni alpinistiche durante le lunghe marce di avvicinamento alle vette. Anche per lui è il primo incontro con il deserto, e la novità lo incuriosisce. Non è facile dare un'età precisa a un orientale, ma l'aspetto fa pensare che sia compresa fra i trenta e i trentacinque anni. Parla un inglese comprensibile, è molto cordiale e schietto, sempre sorridente e tra noi si stabilisce subito un legame di simpatia. Confessa che anche lui era curioso di conoscermi e mi accorgo che è colpito dal mio aspetto fragile e minuto: si aspettava forse di trovarsi davanti una donna ben più massiccia e imponente e senz'altro si sta domandando dove nascondo le energie necessarie per attraversare un deserto.

Ci comunica che il giorno successivo resteremo a Urumqi, per organizzarci e riposare, prima di proseguire con un altro aereo per Hotan, città situata a sud del Taklimakan, e da qui con un fuoristrada avvicinarci alla nostra meta.

Nonostante la stanchezza per il lungo viaggio, non vedo l'ora di partire. La curiosità aumenta a ogni minuto e non riesco neppure a immaginare come sarà la zona verso la quale ci stiamo dirigendo. Jin racconta che, a dispetto dei numerosi tentativi fatti un po' ovunque, non è riuscito a reperire informazioni precise; pare che nessuno, neppure i cinesi, sappia qualcosa più di noi riguardo a questo deserto tanto famoso quanto temuto. Tutte le informazioni che sono riuscita a raccogliere nei mesi passati non sono altro che racconti e scritti, spesso contrastanti, dei pochissimi viaggiatori che nel corso dei secoli si sono avventurati da queste parti.

Non ci resta che continuare il viaggio per rendersi conto di persona; speriamo che l'itinerario che abbiamo deciso di seguire sia quello più adatto per incominciare a pianificare l'impresa in maniera più concreta.

A circa centottanta chilometri a sud-est di Urumqi sorge Turpan, un'oasi situata in una depressione dalla quale prende il nome. Ai tempi delle carovane era considerata una delle tappe più importanti sulla Via della Seta. Attualmente conta duecentomila abitanti, in gran parte di etnia uyguri. Chiedo a Jin di trovarci una macchina e insieme a Oscar parto per andare a visitarla. Impieghiamo due ore e mezzo per arrivare alla piccola cittadina che vanta un bel minareto e un caratteristico bazar pieno di ogni genere di merci. Sono come sempre i banchetti che vendono spezie e prodotti locali a incuriosirci. Ci avviciniamo a uno dei tanti, attirati dalla varietà della merce esposta. In mezzo a ceste piene di radici ed erbe medicinali dalle proprietà sconosciute e per noi incomprensibili, ci sono mucchi di lucertole essiccate, ragni e scorpioni, pelli di serpenti e di ogni genere di animali, per finire con ossa, denti unghie e corna appartenute a chissà quali specie. In pratica ci troviamo davanti a una farmacia locale e il proprietario, un vecchietto senza denti con il viso segnato da solchi profondi, deve essere il corrispettivo dei curandero del Sud America. Con entusiasmo e grande impegno ci illustra in cinese le proprietà dei suoi prodotti, indicandoci anche tutta una serie di boccette trasparenti piene di liquidi di colori diversi in alcuni dei quali sono immerse quelli che a noi sembrano parti anatomiche di animali non identificabili. Siamo combattuti tra la curiosità e il disgusto, anche se è doveroso rispettare la cultura di un popolo che vanta tradizioni antichissime nel campo della medicina alternativa. Dopo mezz'ora riusciamo ad allontanarci con un cartoccio pieno di radici essiccate e spezie, acquisto dovuto al vecchietto che ci saluta sorridendo tra gli sguardi curiosi di tutti i presenti: siamo gli unici europei al mercato.

Poco distante dall'agglomerato di case, si stendono ovunque i filari di viti per i quali Turpan è giustamente famosa. L'escursione termica in questa zona va dai +40 gradi in estate ai –20 durante l'inverno, condizioni ritenute proibitive per la sopravvivenza dei vigneti, eppure gli abitanti di questa zona hanno compiuto un autentico miracolo: a prezzo di incredibili sacrifici e di duro lavoro hanno scavato parallelamente ai filari trincee profonde circa un metro. All'inizio della stagione fredda, quando le temperature incominciano a scendere, staccano i vitigni dai loro tutori e li stendono nelle buche che verranno poi coperte di terra. Al ritorno della primavera scavano nuovamente le trincee e liberano tutte le piante legandole ancora una volta ai sostegni. L'opera è completata da un ingegnoso sistema per irrigare le coltivazioni, basato su una complicata struttura di corsi d'acqua sotterranei comunicanti dove vengono incanalate le acque provenienti dal disgelo dei ghiacciai circostanti.

È un lavoro immane che vede impegnata la maggior parte degli abitanti ma il risultato è eccezionale. L'uva che ne ricavano ha piccoli acini dolcissimi, che, fatti essiccare al sole su graticci di legno, producono una qualità di uva passa di grande pregio consumata non solo in tutta la Cina, ma anche in altri paesi.

Arriviamo a Urumqi con il buio, in tempo per una veloce cena con Renato e Jin. Domani all'alba un aereo ci porterà a Hotan sui bordi del Taklimakan, il luogo più vicino al punto da cui dovrebbe partire l'impresa. Sono eccitata all'idea di avvicinarmi finalmente al deserto che per due anni ha riempito ogni mio pensiero e cerco invano di immaginare i luoghi ma soprattutto le emozioni che mi aspettano. Anche se ormai sono alla quarta esperienza, quando si avvicina il momento magico dell'incontro è come se fosse la prima volta: non ci si abitua mai a sensazioni così forti ed emotivamente tanto importanti.

La città di Hotan, fin dai tempi di Marco Polo, è stata una delle tappe importanti sulla Via della Seta, punto di transito delle numerose carovane che nei secoli scorsi si spostavano tra occidente e oriente, per dare vita ai numerosi commerci di spezie e merci preziose. Ancora oggi è famosa per la produzione e la lavorazione della giada, pietra molto apprezzata presso le corti degli imperatori e in tutta la Cina e usata per realizzare pregevoli gioielli e sculture. Grazie a Jin, conosciamo la storia attraverso le parole degli artigiani del posto. Ci raccontano che le pietre vengono raccolte dai ragazzi più giovani nell'alveo del fiume che scorre attraverso la città. Nelle notti di luna piena, si inoltrano nei punti in cui le acque sono più basse, quando è più facile distinguerle dalle altre pietre del fondo. Ancora oggi la giada viene lavorata a mano da maestri che si tramandano quest'arte da secoli, insegnandola ai loro figli. Gli oggetti e i gioielli che ne ricavano sono frutto di un lungo ed estenuante cesello e i modelli a cui danno forma si ispirano quasi sempre ad antichi disegni. Ci spiegano che la giada è di due tipi: quella verde, la più comune e la più conosciuta anche da noi occidentali, e quella bianca; quest'ultima, se di ottima qualità, vale assai più della prima. I metodi di lavorazione sono primitivi, gli stessi da centinaia di anni e la maggior parte delle case in città cela al suo interno piccoli laboratori dove uomini spesso molto anziani passano tutto il giorno chini sui loro capolavori, che a volte richiedono molto paziente impegno prima di essere terminati. Ogni statua, ciondolo e oggetto hanno una storia, un significato ben preciso legato al passato storico e culturale di un popolo, per il quale il simbolismo ha sempre avuto una parte importante.

Dopo un giorno di sosta, necessario per riorganizzare tutto il materiale al seguito, si prosegue in direzione del deserto a bordo di un fuoristrada. Per ore viaggiamo su piste in terra battuta piene di polvere e buche che costringono il nostro autista a veri e propri slalom. Non incrociamo altri veicoli, fatta eccezione per qualche vecchio camion puzzolente e malandato che ci supera a grande velocità sommergendoci con nuvoloni di densa polvere grigia. Chiudiamo rapidi i finestrini, ma non basta: ci ritroviamo avvolti da una specie di cipria che penetra ovunque e ci impedisce quasi di respirare. Non ci resta che legarci sul viso un fazzoletto per riuscire almeno a coprire naso e bocca: sembriamo tre banditi pronti per una rapina in banca.

È facile invece incontrare dei carretti di legno costruiti con un pianale di assi sistemato su quattro ruote e trainati da un asino. Sono il mezzo di trasporto più diffuso in questa zona e vediamo spesso intere famiglie viaggiare con merci di ogni tipo, dividendosi il poco spazio ammassati sul rudimentale mezzo di trasporto. Il nostro passaggio è accolto ovunque con grande curiosità e tutti si sbracciano in cordiali cenni di saluto.

Nella terra degli uyguri

Ci troviamo all'estremo nord-ovest della Cina, nella sperduta regione dello Xinjiang, ritenuta la più povera dell'intero paese. È abitata da ben quindici differenti gruppi etnici per un totale di circa tredici milioni di abitanti, dei quali più della metà sono uyguri. Le origini di questo popolo si perdono nel tempo, ma pare che discendano dai Dingling nomadi risalenti al III secolo a.C. Sono di religione musulmana e i tratti somatici ricordano quelli dei popoli del Kazakhstan, paese con il quale questa regione confina nella parte nord-ovest. Abituati da sempre a convivere con il deserto, nel corso dei secoli hanno sviluppato il medesimo ingegnoso sistema di irrigazione per le viti usato a Turpan, basato su canali scavati nel suolo e comunicanti tra di loro; in questo modo riescono a coltivare con buoni risultati ogni metro quadrato di terreno che contendono all'inesorabile avanzata della sabbia, in una lotta che non conosce pause. Anche qui, come ovunque sul nostro pianeta, l'avanzare dei deserti è uno dei grandi fenomeni causati perlopiù dall'ingerenza sempre più massiccia dell'uomo in quella meraviglia che sono gli equilibri della natura. La deforestazione indiscriminata, unita allo sfruttamento intensivo di pascoli e coltivazioni, ha innescato un meccanismo diabolico che vede aumentare in maniera impressionante le aree sterili; pare che solamente in Cina, ogni anno ben un milione di ettari di terreno divenga inutilizzabile per l'agricoltura, con danni quantificabili in miliardi di dollari. Città che una volta erano fiorenti oasi sulla Via della Seta oggi non sono altro che cumuli di rovine tra la sabbia, divorate da questa avanzata inesorabile che porta i deserti della terra a espandersi di oltre cento metri ogni anno.

Per ore viaggiamo tra filari di pioppi che affondano le radici nella sabbia – ultimo baluardo creato dall'uomo per difendere il proprio territorio – mentre a poche centinaia di metri di distanza le prime dune del Taklimakan si stagliano minacciose in attesa di allungarsi sempre più, di inghiottire tutto.

Davanti a una realtà così drammatica per milioni e milioni di esseri umani in tutto il mondo, incomincio a valutare le mie imprese anche sotto altri punti di vista; al di là delle implicazioni personali e della ricerca interiore, oltre a testare materiali e valutare le infinite risorse della mente umana, forse c'è spazio anche per considerazioni di carattere scientifico: queste esperienze serviranno in qualche modo a dimostrare che, in un futuro neanche tanto lontano, l'essere umano è in grado di sopravvivere in condizioni così estreme e di adattarsi alla realtà di una vita nel deserto senza soffrire? Forse sì.

La pista si arresta improvvisamente davanti a un piccolo gruppo di capanne: da lì in poi per proseguire è necessario inoltrarsi nella sabbia. Il cielo non è limpido ma di una sfumatura lattiginosa, inconfondibile preludio all'arrivo di una tempesta di sabbia; e infatti, dopo poco, la cappa densa di calore viene mossa dall'arrivo del terribile vento anch'esso caldo che in un attimo solleva grandi nuvole di polvere, fino a oscurare del tutto il poco sole rimasto.

Prima di partire sapevamo già che ci saremmo trovati a fare i conti con questo fastidiosissimo fenomeno atmosferico; è la stagione delle tempeste di sabbia che puntuali ogni anno arrivano a coprire uomini e cose di un impalpabile pulviscolo color beige. Dalla nebbia polverosa si materializzano delle figure: sono i pochi abitanti del piccolo villaggio che si avvicinano curiosi e circondano il nostro veicolo, senza preoccuparsi del pulviscolo che in un attimo ricopre tutto; per loro è normale muoversi in queste condizioni, fa parte della loro vita da sempre.

Gentilmente ci invitano a entrare in una capanna; si accomodano per terra, intorno alle braci di un focolare e fanno segno di unirci a loro. Una donna incomincia a versare del tè in vecchie tazze di porcellana che una ragazza ci porge con un sorriso: è bollente e dolcissimo, ma leggero e profumato di gelsomino. Dalla penombra arriva una bambina: porta un piatto sul quale sono sistemati uno sopra l'altro numerosi pani bassi e rotondi che ci offre. Ne stacchiamo a turno un pezzo con le mani: è buonissimo, croccante e insaporito con semi di sesamo che ne ricoprono la superficie. Mentre mangiamo, Jin incomincia a spiegare la nostra presenza in un luogo tanto sperduto, anche se non è così semplice farsi capire. Gli uyguri parlano una lingua del tutto sconosciuta nel resto della Cina, ma per fortuna uno di loro, che ha studiato un poco di mandarino, riesce a comunicare con il nostro amico, anche se intuisco che il dialogo va avanti con difficoltà. Mi accorgo che le donne stanno osservandomi curiose mentre i bambini più grandicelli pian piano si stringono sempre più vicini: ogni tanto una mano si allunga a sfiorarmi l'orologio o il rigido bracciale d'argento africano, il portafortuna che ho sempre con me durante i viaggi. Due bambine, più intraprendenti, arrivano addirittura a toccarmi i capelli, stupite per il colore chiaro, così diversi dai loro, tanto neri da rimandare riflessi bluastri.

Jin cerca di raccogliere notizie utili sulla zona ma ben presto ci rendiamo conto che la loro conoscenza del deserto si ferma a poche e sommarie informazioni: tutto quello che riusciamo a sapere è che nella parte centrale le dune sono talmente alte da superare i trecento metri; nonostante vivano a ridosso del Taklimakan non lo conoscono. Nella piccola casupola scende improvvisamente il silenzio; tutti mi stanno osservando increduli come se appartenessi a un altro pianeta: Jin ha spiegato la mia intenzione di attraversare il deserto da sola e la notizia li sconvolge. Dopo qualche minuto uno degli uomini in tono solenne si rivolge al compagno che conosce la lingua dei mandarini e incomincia a parlargli fitto mentre continua a lanciarmi occhiate; quando finisce, l'uomo si rivolge a Jin traducendo il dialogo. «Ma che diavolo sta succedendo», mi domando mentre aspetto la traduzione. «L'uomo dice che hanno paura per te», esordisce Jin. «Nessuno ha mai attraversato il Taklimakan e sostiene che non si può fare. Tanti si sono persi tra le dune e nessuno di loro è ritornato e sai perché?» Sento un rivoletto di sudore scendermi lungo la schiena mentre Jin conclude: «Perché nella lingua uyguri Taklimakan vuol dire 'deserto della morte irrevocabile': secondo loro chi vi entra non ne esce mai più».

Il primo approccio

Dopo una rapida consultazione, decidiamo che il modo migliore per capire qualcosa di sicuro su questo posto tanto misterioso e inesplorato è quello di andare a vedere di persona. Con il nostro fuoristrada guidato da Jin, incominciamo a cercare un passaggio, una traccia qualsiasi che ci dia la possibilità di entrare nel deserto e raccogliere notizie attendibili da riportare poi in Italia. Dopo ore di giri a vuoto, ci rendiamo conto che non esistono piste; la macchina deve procedere nella sabbia soffice tra i radi arbusti secchi battuti dal vento, ma il terreno è talmente accidentato che siamo costretti a deviare continuamente con brusche manovre. Jin, come tutti i cinesi, non è abituato a guidare nella sabbia e la nostra auto non è fornita di piastre metalliche come le jeep che percorrono il Sahara. Risultato: al primo insabbiamento perdiamo quasi un'ora per liberare le ruote, ricorrendo a tutti i mezzi di fortuna degni di un corso di sopravvivenza. Siamo costretti a tagliare una quantità di rami secchi che infiliamo tra la sabbia e i pneumatici per aumentare l'aderenza e garantire una maggiore presa sul terreno, ma dopo poche centinaia di metri ci ritroviamo imprigionati in una nuova trappola. A peggiorare ancora di più la situazione ci si mette anche il vento che soffia implacabile per tutto il giorno, sollevando nuvoloni di sabbia che coprono le nostre tracce e qualsiasi cosa intorno a una velocità impressionante: è una lotta impari, senza alcuna speranza di venirne a capo. Alla fine della giornata ci ritroviamo stanchi morti, frastornati dal vento e coperti di polvere: in totale abbiamo percorso sì e no una decina di chilometri in linea retta!

La sera, quando ci fermiamo per montare il campo, finalmente il vento cala un poco; chiusi tutti e quattro nella tenda adibita a mensa, delusi dal primo approccio con il deserto e con il morale a terra, ci prepariamo a consumare un rapido pasto condito di sabbia e intanto cerchiamo di trovare una soluzione per andare avanti: il Taklimakan si sta rivelando molto più difficile del previsto.

È una notte lunghissima: la Cina, nonostante il suo territorio sia immenso, mantiene ovunque il medesimo fuso orario e in questa zona vi sono ben quattordici ore di buio. Siamo svegli ormai da qualche ora, quando il belato di una capretta ci spinge a uscire dalla tenda. È un piccolo che ha perso il contatto con il gruppo; lo leghiamo vicino al campo, sperando che il suo pianto arrivi fino alla madre che non può essere lontana, e intanto gli diamo da mangiare un po' di verdura fresca. Non passa molto tempo che qualcuno risponde al suo richiamo. In breve arrivano decine di altre capre, seguite da due uomini che guidano un gruppo di cammelli bactriani: per la prima volta ho modo di osservare da vicino questi animali, tanto diversi dalla specie africana.

Sono più bassi, ma molto più robusti e massicci, con le due grosse gobbe ciondolanti; il pelo è lungo e folto, anche se in alcuni punti mostra ampie chiazze spelate; infatti sta per arrivare la stagione estiva, e la calda pelliccia invernale viene sostituita dal nuovo mantello più leggero.

I nomadi ci ringraziano per il capretto che appena liberato si unisce subito al gruppo, saltellando vicino alla madre; Jin invita gli uomini a bere il tè e intanto a gesti cerca di ottenere informazioni utili, mostrando loro una carta geografica con i simboli in cinese. Dopo numerosi tentativi, riusciamo a capire che l'unica soluzione ragionevole è quella di spostarci verso l'alveo del fiume Keriya, completamente asciutto in questa stagione, e da lì spingerci verso l'interno seguendone il più possibile il percorso.

Accompagnati dal vento che riprende a soffiare con forza, smontiamo il campo e dopo alcune ore finalmente riusciamo a trovare la zona indicata dai pastori; non è facile individuare il letto asciutto del fiume perché anche durante il periodo estivo, quando i ghiacciai si sciolgono, l'acqua che prende a scorrere in questa parte del deserto è comunque scarsa e la portata del fiume è molto limitata. Spesso il percorso cambia di stagione in stagione; così il rischio maggiore è di inoltrarsi in un ramo che dopo qualche chilometro sparisce nella sabbia. Trascorriamo l'intera giornata a esplorare la zona, seguendo anche le indicazioni della mappa, e alla fine ci convinciamo che con ogni probabilità è questo il luogo più adatto per la partenza. In base alle informazioni raccolte, il fiume dovrebbe iniziare a formarsi tra maggio e giugno, per raggiungere la portata massima in luglio e infine esaurirsi all'inizio dell'autunno; se le previsioni verranno rispettate, il momento migliore per incominciare la traversata dovrebbe essere la metà di ottobre. In quel periodo il terreno sarà già quasi asciutto e quindi sarà possibile procedere senza rischiare di impantanarsi nel fango, ma nello stesso tempo sopravviveranno ancora delle pozze d'acqua, dalle quali poter bere lungo la prima parte del percorso. Secondo le carte geografiche, il Keriya dovrebbe esaurirsi man mano che si inoltra nel deserto, e morire definitivamente, inghiottito dalla sabbia, alcuni chilometri prima dell'inizio delle grandi dune: per questa ragione lo chiamano anche 'fiume fantasma'.

Dopo dieci giorni di ricognizione, ci prepariamo a rientrare in Italia con una grande quantità di materiale video e fotografico e con una visione globale dell'impresa senza dubbio più precisa rispetto a come si presentava alla partenza, anche se restano mille dubbi. Il primo incontro con il Taklimakan mi ha disorientata: è un deserto molto affascinante ma strano, imprevedibile e difficilissimo da capire. L'ultima sera prima del distacco, avviso i miei compagni che mi allontano dal campo per un po' e incomincio a camminare immersa nei miei pensieri. Cerco di captare quei segnali che senza alcun dubbio il deserto mi vuole trasmettere, non ho ancora compreso se mi sta accettando o se vuole respingermi, o forse è troppo presto per capirlo, forse è necessario trovarsi da soli l'uno con l'altro per riuscire a comunicare davvero. Non avverto indizi negativi, sembra quasi che il Taklimakan sia in attesa, che mi stia dicendo: « Se vuoi conoscermi non devi fare altro che prendere una decisione ed entrare per scoprire chi sono ». Sono emozionata, eccitata; se dico di sì sarò la prima persona ad avere il privilegio di sapere com'è davvero questo deserto, ma sarò in grado di riuscire dove tutti fino a oggi hanno fallito? Avrò la forza, la determinazione necessaria ad affrontare un'impresa così piena di incognite, tanto difficile da preparare, senza alcuna possibilità di confrontarmi a priori con le mille difficoltà alle quali non riesco neppure a dare un nome? E se fosse una trappola, se davvero chi entra in questo deserto non può più uscirne, in una sorta di richiamo delle sirene come è successo ai marinai di Ulisse?

Mi chino a raccogliere una manciata di sabbia, e la lascio scorrere tra le dita, in una carezza reciproca mentre sottovoce gli rispondo: « Sì, voglio conoscerti ma non illudermi, non farmi soffrire troppo! » Ritorno sui miei passi più serena per la decisione presa, ma consapevole della grande responsabilità che mi attende, soprattutto nei confronti della mia famiglia e di tutti coloro che mi vogliono bene.

Lo sconosciuto

Il Taklimakan, il più grande dei deserti cinesi, si trova nel nord-ovest del paese, ai confini con le repubbliche asiatiche. È situato in una depressione naturale, circondato dalle imponenti catene di montagne che comprendono i grandi massicci himalayani. Si estende per 337.000 chilometri quadrati nella regione dello Xinjiang, grande circa cinque volte l'Italia e popolata da quindici milioni di abitanti. Nella parte mediana è attraversato dal Mazar Tagh, un rilievo montuoso poco significativo ma sufficiente ad arrestare i forti venti del Nord, che scendono dalle steppe della Mongolia. La turbolenza provocata da questa barriera naturale genera a sud una serie infinita di dune di sabbia, vicinissime l'una all'altra, alte fino a duecentocinquanta, trecento metri. Questo deserto era noto e temuto fin dai tempi di Marco Polo; la Via della Seta che partiva dalla capitale cinese di allora, l'attuale Xian, qui si biforcava: una parte ne percorreva il lato destro e l'altra il sinistro. Alcune carte riportano anche un'altra dizione del nome e cioè: Takla Makan, mentre in Cina spesso viene indicato come Tarim Basin o Tarim Shamo. Il termine Taklimakan è quello usato più comunemente in enciclopedie e atlanti. Da sud in direzione nord per un certo periodo nella stagione estiva, il deserto è percorso da alcuni piccoli fiumi, che nascono dal disgelo dei ghiacciai del Karakorum cinese e vanno a perdersi nella sabbia dopo alcuni chilometri, lasciando sul terreno delle pozze d'acqua. È allora che alcuni gruppi di nomadi si inoltrano per qualche decina di chilometri all'interno dei 'fiumi fantasma' per nutrire i loro animali, sfruttando la rara vegetazione che cresce presso l'acqua. Come tutti i deserti, anche il Taklimakan è caratterizzato da notevoli escursioni termiche: la sua particolare posizione, a ridosso delle grandi catene montagnose, fa sì che le temperature minime nei mesi invernali scendano a sfiorare i –30 gradi, mentre durante l'estate le massime arrivano intorno ai +40. È molto amato dai cinesi che lo preferiscono al più famoso deserto dei Gobi, orgogliosi di avere nel loro paese il secondo deserto al mondo dopo il Sahara, in rapporto alla superficie non abitabile. Lo considerano un luogo mitico e inaccessibile, ma pur conoscendolo poco ne parlano con grande rispetto misto a timore reverenziale.

Decisioni importanti

Dopo il sopralluogo decido che l'unico modo per attraversare il Taklimakan è partire da sud, tenendo come riferimento la città di Yutian, che si trova a est di Hotan, per dirigermi a nord, in direzione di Aksu.

La scelta è determinata dalla possibilità di seguire le tracce dei fiumi fantasma, nella parte iniziale e in quella finale del percorso, per rifornirmi d'acqua nelle pozze che dovrei trovare. Non è facile stabilire in anticipo come sarà l'evoluzione meteorologica nelle prossime stagioni; se i tempi e le quantità del disgelo dei grandi ghiacciai fossero in qualche modo alterati, rischia di andare a monte tutto il progetto: se ci fosse una grande abbondanza d'acqua non riuscirei a camminare; al contrario se le pozze fossero troppo scarse, non avrei la possibilità di bere con regolarità e sarei costretta a rinunciare all'impresa. La mia intenzione è di muovermi da sola, senza alcun supporto esterno, con uno zaino in spalla, nel quale deve trovare posto tutto quanto mi servirà a sopravvivere nel deserto.

Trascorro ore interminabili a calcolare i tempi di marcia rapportati alla possibilità di trovare l'acqua, anche se è subito chiaro che è difficilissimo organizzare a tavolino un'impresa simile. Il solo dato sicuro è che in tutta la fascia centrale del deserto l'acqua non c'è e quindi si deve escogitare il modo per farla arrivare. Non è umanamente possibile camminare senza bere e non posso neppure pensare di portarmi in spalla tutta la scorta necessaria. L'unica soluzione resta quella di organizzare dei rifornimenti, ma come? In quella zona della Cina non ci sono elicotteri disponibili e quindi l'acqua dovrà per forza arrivare via terra; considerando il fatto che è impossibile spostarsi tra le dune con degli automezzi, non resta altro modo che servirsi di una carovana di cammelli. Decidiamo che, subito dopo la mia partenza, la squadra di appoggio guidata da Oscar si muoverà rapidamente lungo i bordi del deserto con delle macchine, per arrivare a un luogo prestabilito dove alcuni cammellieri cinesi e i loro animali aspetteranno; sarà compito di Jin coordinare l'organizzazione. Da quel punto entreranno tutti insieme in carovana tra le dune per piazzare quattro rifornimenti d'acqua da sei litri ciascuno e ritorneranno subito indietro al punto di partenza. Naturalmente tutto avverrà diversi giorni prima del mio arrivo nella zona: per l'intero periodo della traversata, infatti, non incontrerò mai i miei compagni. L'unico contatto tra di noi avverrà grazie a un telefono satellitare: lo porterò con me nello zaino e la ricarica sarà garantita da un piccolo pannello solare legato esternamente con delle cinghie. Nel corso delle chiamate giornaliere dovrò fornire ai miei compagni la mia posizione e loro mi trasmetteranno le coordinate in gradi di latitudine e longitudine dei quattro punti nei quali troverò i rifornimenti. Sarà un lavoro impegnativo e faticosissimo anche per chi mi segue, non facile da organizzare, ma la difficoltà maggiore per me consisterà nel riuscire a individuare tutti i rifornimenti. Se dovessi mancarne anche uno soltanto, l'acqua non sarebbe sufficiente per continuare e sarei costretta ad abbandonare la prova e chiedere soccorso, sperando che la mia squadra riesca a raggiungermi in breve tempo nell'unico modo possibile in quella zona: a dorso di cammello.

Nel progetto iniziale avevo anche accarezzato a lungo l'idea di utilizzare io stessa uno di questi animali: mi sarebbe piaciuto avere con me un compagno di viaggio a quattro zampe, e pensavo che il cammello sarebbe stato un valido aiuto per trasportare tutto il materiale e soprattutto l'acqua; invece, mio malgrado, sono stata costretta a rinunciarvi. I consigli di persone esperte e il ricordo dell'esperienza con i dromedari del Sahara durante la carovana del sale mi hanno convinta ad abbandonare questo pensiero: non è immaginabile riuscire da sola a condurre un animale tanto bizzarro e imprevedibile, senza avere un'esperienza adeguata e senza conoscerlo profondamente. Per riuscirci avrei dovuto trascorrere settimane intere insieme all'animale prima di partire, per abituarlo alla mia presenza e per imparare, a mia volta, a capirne le reazioni e il comportamento. I cammelli asiatici, poi, sono molto più robusti e massicci di quelli africani e per riuscire a governarli è necessaria una notevole forza fisica. Caricare e scaricare un cammello è un lavoro molto pesante e, se fra uomo e animale non c'è un rapporto continuo di conoscenza reciproca, basta un gesto sbagliato per provocare nel cammello una reazione che può causare grossi guai. Gli esemplari asiatici inoltre non hanno la stessa autonomia idrica dei parenti africani e devono bere almeno ogni tre, quattro giorni; considerati i problemi d'acqua che mi troverò ad affrontare lungo il percorso, non posso rischiare di dover interrompere l'impresa qualora le pozze non fossero abbastanza piene per dissetare anche l'animale; inoltre la sua capacità di carico non è sufficiente a trasportare tutta l'acqua necessaria al mio e al suo fabbisogno per un periodo di cui io stessa non sono in grado di valutare la durata. Le previsioni in base alle distanze riportate dalle mappe fanno prevedere circa un mese di cammino, ma nessuno può sapere a priori le difficoltà che mi troverò ad affrontare là in mezzo, da sola.

La zona delle grandi dune è davvero un'incognita. Mi vengono in mente le carte geografiche del secolo scorso, dove le aree inesplorate erano segnate con vaste macchie bianche che portavano la scritta: *hic sunt leones*. Non credo proprio che ci siano dei leoni là in mezzo, anzi forse l'unico essere vivente sarò io.

Mi preparo all'impresa

Siamo alla fine di aprile e la spedizione dovrebbe iniziare a ottobre: ormai resta davvero poco tempo per organizzare tutto, nonostante una buona parte del lavoro sia già stata impostata da almeno un anno. Gli sponsor tecnici si sono già attivati da mesi nello studio e nella preparazione dei materiali necessari, anche se solo adesso io sono in grado di fornire loro indicazioni più precise.

Insieme agli esperti della Ferrino, che hanno lavorato con me per i materiali di tutte le precedenti traversate, valutiamo le indicazioni che ho raccolto durante il sopralluogo per quanto riguarda lo zaino, il sacco piuma e la tenda. Si tratta di mettere a punto e di modificare dove fosse necessario il materiale già esistente, per renderlo il più possibile funzionale e leggero. È un lavoro delicato riuscire a coniugare i problemi di peso con il comfort, ma la loro grande esperienza e il feeling che in questi anni si è sviluppato tra di noi fanno miracoli. Con Rosanna e Giorgio Rabaioli passiamo ore a studiare le soluzioni più adatte a seconda del tipo di terreno sul quale dovrò camminare e delle condizioni climatiche che mi troverò ad affrontare nel periodo scelto per l'impresa. Pare scongiurato il pericolo delle tempeste di sabbia anche se le temperature, soprattutto durante la notte, saranno piuttosto basse. La tenda che hanno deciso di realizzare è un autentico capolavoro: piccola ma sufficiente a proteggere al suo interno non solo me ma anche tutto il materiale, zaino compreso. Naturalmente per riuscire a contenere il peso è necessario rinunciare al telo di copertura, scelta giustificata dal fatto che nel deserto non piove; però così facendo vanno anche ridotte le aperture per l'aria con il rischio che si formi troppa condensa. A lungo discutiamo sul da farsi e alla fine scegliamo in favore del peso. Il risultato è fantastico: solo nove etti di tenda! Quando finalmente è pronta e la vedo provo un attimo di emozione: sarà la mia casetta per quasi un mese.

Lo zaino si rivela altrettanto complicato: bisogna calcolare a tavolino come distribuire il carico ma soprattutto studiare con attenzione le aperture per avere modo, in mezzo al deserto, di trovare ogni cosa il più velocemente possibile, specie in caso di emergenza. Decidiamo di realizzarlo servendoci di una struttura portante di alluminio: in questo caso non è il peso a determinare la scelta, bensì la resistenza; il telaio in metallo rende lo zaino sicuramente più pesante di uno tradizionale, ma anche più robusto e garantisce una maggiore sicurezza per caricare tutto il materiale che dovrò portarmi appresso. L'interno viene diviso in due scomparti: nella parte inferiore troveranno posto la scorta d'acqua e una parte di cibo che costituiscono il peso maggiore e che dovranno scaricare sulle cinghie legate ai fianchi. Quello superiore, invece, è destinato all'abbigliamento e al materiale da campo quale saccoletto, bomboletta di gas, fornello da campo e il resto dell'alimentazione.

Ai lati sono state realizzate capaci tasche chiuse da cerniere per stivarvi gli oggetti utilizzati durante la marcia quotidiana e quelli che devo trovare rapidamente in caso di emergenza, come per esempio il kit di primo intervento, le protezioni solari, gli integratori necessari per la giornata, il GPS, la pila. Nella parte superiore, infine, è previsto un ulteriore scomparto per il telefono satellitare, la telecamera e la macchina fotografica.

La tenda, il materassino e il cavalletto per le riprese li lego con delle cinghie sotto lo zaino, nello spazio che rimane tra il fondo del sacco e la struttura di alluminio. Per ridurre ulteriormente il peso viene deciso di tagliare il saccoletto a misura della mia altezza: ogni grammo risparmiato è uno in meno da trasportare, dicono i tecnici, e i fatti daranno loro ragione.

Nel periodo di tempo che va dalla fine di una traversata all'inizio della successiva, ho continuato a frequentare la palestra con regolarità per mantenere il tono muscolare a buoni livelli, ma ora è il momento di partire con un lavoro più specifico e mirato. Incomincio una preparazione massacrante, seguita come sempre da Franco Nava, il mio bravissimo allenatore che ha il compito di occuparsi della mia forma fisica. Dal '91, quando ho iniziato le mie avventure, a oggi abbiamo lavorato per preparare tre deserti e ora stiamo per incominciare una nuova avventura. Per cinque mesi mi sottopone a sedute quotidiane con carichi sempre maggiori per abituarmi al peso dello zaino; quasi subito inizio a usare lo stesso materiale che poi sarà con me durante la traversata e al quale man mano vengono apportate delle modifiche. Ogni attrezzatura infatti deve essere provata più e più volte per evitare sgradevoli sorprese al momento della verità, quando dovrò contare solo su me stessa. È sufficiente una cinghia non sufficientemente imbottita o un punto di attrito anche minimo, per provocare irritazioni o dolori che alla lunga potrebbero pregiudicare tutto.

Cammino per ore sul tappeto mobile inclinato di 15 gradi con trenta chili di zaino sulle spalle e la fatica è resa ancora più pesante dal caldo torrido dell'estate milanese, ma i muscoli rispondono bene al superlavoro e, quando vengo sottoposta ad alcuni test funzionali all'Istituto di Medicina dello Sport di Milano, i risultati sono soddisfacenti. Per la prima volta dei medici sportivi decidono di controllare le mie condizioni psicofisiche prima e dopo l'impresa, per verificare scientificamente quali sono le conseguenze che un periodo di permanenza in condizioni estreme di fatica in un ambiente come il deserto può causare in un organismo umano abituato a tutt'altre situazioni. I risultati potrebbero rivelarsi preziosi circa le possibilità di adattamento per l'uomo in ambienti aridi e desertici, in un futuro ormai prossimo.

Le riunioni in Sector si susseguono a ritmo serrato, anche se l'atmosfera non è favorevole: infatti il 13 aprile è mancato il nostro portabandiera, Patrick de Gayardon, l'atleta simbolo del team 'No Limits' del quale faccio parte fin dall'impresa del Salar de Uyuni. È stato un incidente provocato da una banale fatalità, e la sua perdita ha segnato profondamente tutti noi. Non è facile riuscire a concentrarsi nella preparazione di una nuova impresa, dovendo fare i conti con una realtà tanto drammatica, ma è giusto andare avanti, continuare a percorrere la strada dei nostri sogni: credo sia il modo migliore per ricordare l'uomo, e senza dubbio è quello che lui stesso avrebbe voluto.

Purtroppo, a un mese esatto dall'incidente a Patrick, arriva un'altra terribile notizia: Chantal Mauduit, alpinista francese impegnata a scalare tutti gli ottomila e anche lei atleta del team, muore travolta da una valanga, di notte, nella sua tenda. È incredibile: in dieci anni di storia No Limits non si sono mai verificati incidenti così gravi; sembra che di colpo una terribile maledizione si sia abbattuta sulla nostra squadra. Il morale cola a picco. Parte degli organi di informazione si scatena: gli opinionisti improvvisati, senza prendersi neppure il disturbo di documentarsi in maniera precisa sulle nostre attività, ci accusano di essere dei pazzi che mettono a repentaglio la propria vita, ma quello che più colpisce sono le critiche da parte di persone del nostro stesso ambiente, frustrate dai numerosi rifiuti di entrare a far parte del team, che cercano in tutti i modi di vendicarsi. Ci mettiamo a disposizione della stampa e affrontiamo le numerose interviste sull'argomento, cercando di spiegare, con calma e serenità, quali sono le motivazioni che ci spingono a metterci alla prova in situazioni estreme, ma soprattutto quanto lavoro c'è dietro a ogni impresa; con soddisfazione notiamo che la gente capisce, ci segue con passione e sempre più spesso ci incita a continuare. Non è semplice in un momento tanto delicato portare avanti un progetto così complicato come si sta rivelando il mio: la posta in gioco è grossa, so di avere tutti gli occhi puntati addosso e i problemi legati alla sicurezza diventano un'ossessione che rischia di condizionare tutto il lavoro. Marco Francesconi, direttore di sport-marketing, responsabile del team e caro amico, è agitatissimo; ci conosciamo da cinque anni ma non l'ho mai visto cosi preoccupato.

Sono tesa, nervosa, pressata da una responsabilità che preclude l'atteggiamento tranquillo necessario per andare avanti: se continuo così rischio di mandare tutto a monte, devo cambiare tattica. Mi rendo conto che le incognite che dovrò affrontare sono tali che non mi danno scelta; l'unico modo per risolvere problemi così grandi senza lasciarsi travolgere è mantenere un atteggiamento positivo: se io non ho il potere di controllare la situazione allora tanto vale lasciare che gli eventi si susseguano da soli. Sono fatalista, lo sono sempre stata e i fatti degli ultimi mesi hanno rafforzato ulteriormente questa convinzione. So di essermi preparata nel migliore dei modi per affrontare l'impresa e questa è la cosa più importante. Continuo a lavorare a ritmo sempre più serrato, ma la mente è come se fosse uscita dal mio corpo: osserva tutto con distacco dall'esterno, come se appartenesse non più a Carla ma a un'altra persona, a uno spettatore qualsiasi. È l'unico modo che riesco a escogitare per difendermi dalla pressione che sento intorno a me. Devo essere concentrata al massimo, essere sicura di me stessa prima che di ogni altra cosa; se non sono abbastanza forte è inutile continuare, tutto il resto non ha più alcun valore.

Dopo una snervante attesa, finalmente arrivano anche i permessi da parte delle autorità cinesi, limitati esclusivamente alla zona che intendo percorrere: infatti a est c'è una base nucleare top secret alla quale è impossibile avvicinarsi. Superata anche l'ultima difficoltà burocratica, il progetto incomincia a delinearsi con maggiore precisione.

Come faccio sempre, prima di un'impresa mi confronto con mio figlio: ormai è quasi un uomo, si è abituato a convivere con una mamma 'no limits' ma questo non vuol dire che debba per forza accettare tutte le mie scelte. Mi sono accorta che è più agitato del solito ed è meglio parlarne subito: se non riesce a reggerne il peso, anche all'ultimo istante rinuncio al Taklimakan. La sua risposta mi lascia sconcertata: «So benissimo che è una prova molto difficile e non puoi pensare che io non mi preoccupi, però ognuno di noi ha degli obiettivi che vorrebbe realizzare: se questo è il tuo non devi rinunciarvi. Ti raccomando solo una cosa, mamma: testa sulle spalle».

Sembra strano, ma più si avvicina il momento della partenza e più mi sento tranquilla, tanto che questa calma viene addirittura scambiata per superficialità. Manca ormai poco, quando il dottor Giardiello, presidente di Sector, mi convoca; schietto come sempre, va subito al sodo: «Te la senti?» Non mi aspettavo questa domanda quasi alla vigilia dell'impresa. «Puoi rimandare tutto o rinunciare, non c'è nessun problema.» È bello sapere che, nonostante il lavoro di due anni e l'investimento economico stanziato, sono libera di fare la mia scelta con serenità. Lo guardo negli occhi per un istante e con calma rispondo: «Grazie, sì, me la sento, altrimenti non l'avrei neanche proposto».

Finalmente vado

Dopo sei mesi ritorno in Cina, è circa la metà di ottobre. A Pechino fa già freddo e noi arriviamo con duecento chili di materiale e alcune lettere di presentazione scritte in cinese, ma nonostante ciò le pratiche doganali sono lunghissime; i doganieri sono incuriositi non poco dalle nostre attrezzature e solo dopo infinite trattative riusciamo a sbloccare la situazione. Con me viaggiano Oscar, che come sempre avrà il compito di occuparsi delle immagini oltre che delle mie condizioni fisiche, e Daniele Tonani che sostituisce Renato; nonostante la giovane età, Daniele è un ragazzo molto maturo e preparato e il suo entusiasmo sarà determinante per la riuscita dell'impresa.

A Urumqi anche questa volta troviamo ad attenderci Jin; è un piacere rivederlo e ci abbracciamo con affetto, come due vecchi amici. Avere anche lui nella squadra di supporto mi tranquillizza molto. Come la volta precedente proseguiamo in aereo per Hotan, dove due automezzi, un fuoristrada Land Cruiser e un pick-up ci aspettano insieme ai rispettivi autisti uyguri; con sorpresa ci accorgiamo che il loro aspetto è più simile a quello di due italiani del Sud che di cinesi. Sono molto simpatici e sorridono sempre ma si presentano con due nomi impossibili da ricordare per noi europei; dopo una rapida consultazione, lo staff al completo decide di ribattezzarli con due nuovi nomi più semplici e adatti a loro: tra le risate generali diventano Salvatore e Vincenzo.

Gli automezzi sono già carichi: trasportano tutto il necessario per approntare i campi mobili della squadra di supporto e le scorte di carburante necessarie alle auto per muoversi in autonomia per un mese, restano da aggiungere solamente i nostri bagagli.

Tutti insieme iniziamo la marcia di trasferimento verso Yutian, il luogo abitato più vicino al punto da cui avverrà la partenza.

L'autunno ormai inoltrato ci presenta un panorama diverso rispetto a quello che ricordiamo dal sopralluogo. Fa meno caldo e non c'è il terribile vento che ci aveva perseguitato per giorni interi. I rari alberi e cespugli che si incontrano man mano che ci addentriamo nella zona desertica sono coperti da foglie con i tipici colori autunnali, in un'esplosione di toni fra il giallo e il rosso che contrastano con la sabbia beige tendente al grigio.

Il belato di alcune caprette ci indica la presenza di esseri umani e infatti poco dopo un pastore con i suoi animali ci viene incontro. Sta ritornando dalle sponde del fiume dove ha portato il suo piccolo gregge ad abbeverarsi e a pascolare. Vediamo che nel letto del Keriya, che ad aprile era completamente asciutto, ci sono delle pozzanghere d'acqua poco profonde che si stendono per poche decine di metri e intorno alle quali è cresciuta una vegetazione bassa e fresca, ottima per gli animali.

È quasi buio quando raggiungiamo la cittadina di Yutian. Da qui domani proseguiremo verso Seghez, piccola località più a nord che si trova proprio ai margini del deserto e punto fissato per la partenza della traversata.

Dopo una rapida cena, tutti insieme, seduti intorno a un piccolo tavolo nella tenda mensa, davanti a una tazza di tè al gelsomino, facciamo il punto della situazione. Alla riunione partecipano anche i due autisti che però parlano solo un po' di mandarino e così spetta a Jin farsi carico di tradurre ogni frase.

La mattina seguente si riparte presto come sempre. Il tempo si mantiene buono e, man mano che avanziamo, la vegetazione si fa sempre più rada e solo qualche arbusto e dei ciuffi di erba ormai secca indicano la presenza d'acqua. Il terreno è asciutto e sabbioso, senza tracce di fango e questo è un buon inizio; anche se ciò significa che l'acqua in gran parte è già stata assorbita dalla sabbia oppure è evaporata, è sempre meglio che camminare su un fondo umido e scivoloso.

Il percorso del fiume Keriya ormai si delinea netto. Noto che le sponde sabbiose non sono molto alte: questo sta a indicare che nei periodi di piena il livello dell'acqua raramente supera il metro; in compenso osservo che l'alveo è piuttosto ampio anche se irregolare. Vuol dire che durante il disgelo l'acqua scorre lentamente lasciando piccoli isolotti di sabbia che spesso ne fanno deviare il corso per formare ampie curve e nuove anse mentre il terreno piatto e la conseguente mancanza di pendenza ne rallentano la corsa. Con la fantasia cerco di immaginare il fiume che lento ma inesorabile avanza insinuandosi nella sabbia alla ricerca di un qualsiasi passaggio e si spinge sempre di più nel deserto per dissolversi infine lentamente nel terreno inaridito dal calore e sparire tra la sabbia.

Non sarà facile per me seguirne il tracciato. Per risparmiare tempo e chilometri dovrò camminare il più possibile in linea retta cercando di tagliare le numerose anse. Mi rendo conto che man mano che procederò diventeranno sempre più confuse e difficili da distinguere tra la sabbia e la vegetazione.

Montiamo il campo dove trascorrerò con i miei compagni gli ultimi due giorni che mancano alla partenza; tutto il materiale viene controllato per l'ennesima volta: nonostante abbia provato e riprovato fino all'ultimo giorno a riempire lo zaino, ancora adesso, a poche ore dall'inizio, ho mille dubbi. Non è facile decidere a priori la corretta composizione del carico: basta una seppur piccola distrazione per commettere un errore che può creare grossi problemi durante l'impresa. È difficile per chi segue dall'esterno la preparazione rendersi conto di quanto siano importanti anche i più piccoli dettagli in questa fase; spesso è una valutazione superficiale dei problemi ritenuti minori, quella che in seguito può provocare situazioni di disagio che influiscono in modo negativo sia sul fisico sia, soprattutto, sulla mente. Durante la traversata dovrò contare solo su me stessa, e quanto mi servirà a sopravvivere sarà tutto sulle mie spalle. La maggior parte del materiale è stata studiata e creata apposta in funzione del peso, e tutti i tecnici che hanno lavorato al progetto si sono impegnati per mesi cercando ogni possibile soluzione per ridurre il più possibile i carichi, con l'incubo costante della bilancia. Ogni decisione veniva presa basandosi sulla risposta alla solita domanda: «Quanto pesa?» Sono stati tutti davvero bravissimi a inventarsi ogni accorgimento pur di riuscire a centrare l'obiettivo e alla fine i risultati hanno superato ogni previsione. Con me, nello zaino, c'è perfino un fornello al titanio leggerissimo, completamente smontabile e fornito di un sistema di accensione piezoelettrico, che si rivelerà fondamentale quando il vento trasforma il semplice gesto di accendere il fuoco in un'impresa complicata. Mentre stivo il materiale nello zaino, nonostante stia compiendo gesti ripetuti decine di volte, spunto mentalmente ogni voce dall'elenco fissato in memoria, con quella fastidiosa sensazione di aver tralasciato qualcosa che mi assale ogni volta che sto per partire. Arrivo ai limiti della paranoia, quando mi sorprendo a contare le pillole che costituiranno la base della mia alimentazione. Per la prima volta userò un nuovo prodotto al posto dei cibi tradizionali, troppo pesanti per essere portati in spalla. Si tratta di un composto creato negli Stati Uniti e sperimentato dagli astronauti nel corso delle imprese spaziali; è assolutamente naturale, tanto è vero che viene prescritto anche negli ospedali per alimentare neonati prematuri, malati di anoressia e persone anziane. La mia dieta giornaliera è composta da ventisette pillole, di cui ventiquattro mi forniranno tutto l'apporto proteico necessario e tre quello vitaminico; oltre a questo, dovrò assumere una certa quantità di un altro prodotto in polvere della Enervit, che sciolto nell'acqua mi fornirà i carboidrati necessari. Naturalmente avrò con me anche i soliti dadi per il brodino serale e gli immancabili aglio e peperoncino. Nella prima parte del percorso, in previsione del minor carico d'acqua, mi concedo anche un pezzo di speck e dei cracker, più un sacchetto di frutta disidratata, zucchero, carne secca e una manciata di bustine di tè. Oltre all'abbigliamento tecnico per le basse temperature, ho previsto solo un cambio di pantaloni e camicia, che si aggiungono a tre magliette e al necessario per la notte.

Con Oscar e Daniele tariamo i rispettivi GPS, gli apparecchi di rilevamento satellitare nei quali inseriamo i dati relativi alla rotta da seguire; sono dei Magellan, molto più leggeri e semplici da usare rispetto ai primi modelli che avevo con me nelle precedenti imprese e poco più grandi di un comune telefonino, anche se porto sempre in tasca la vecchia bussola.

Nonostante la poca simpatia che nutro nei confronti dei mezzi di comunicazione durante le mie traversate, questa volta ho dovuto capitolare e per la prima volta avrò con me il telefono satellitare, indispensabile per scambiare con la squadra le necessarie informazioni non solo per quanto riguarda i rifornimenti d'acqua tra le dune ma anche circa i dati di un percorso lungo e pieno di incognite. Purtroppo l'apparecchio pesa ben due chili e mezzo, e incide parecchio sul carico già sostanzioso; preferirei riservare lo spazio a qualcos'altro, magari a del cibo o a una maggiore quantità di batterie di riserva, ma è fondamentale comunicare con i miei compagni. Verrà alimentato con un piccolo pannello solare che durante la marcia resterà legato alle cinghie dello zaino. Considerato che la maggior parte del percorso avverrà in direzione nord, avrò il sole alle spalle e quindi sarà molto più semplice ricaricarlo. Come sempre, avrò con me una macchina fotografica e una piccola telecamera digitale, oltre al cavalletto ultraleggero, indispensabili per documentare le fasi più importanti dell'impresa e, naturalmente, un sacchetto di batterie di scorta. Non mancano il kit di pronto soccorso e il sacchetto con il necessario per la toilette, al quale aggiungo una crema protettiva e la pomata per i piedi.

Alla fine, quando tutto è a posto, il peso arriva a diciotto chili, a cui vanno aggiunti sei litri d'acqua, in totale ventiquattro: una follia. I miei compagni mi osservano preoccupati e intanto mi chiedo: «Come farò mai a camminare con tutta questa roba addosso?»

L'ultima sera è arrivata: tutto ormai è pronto e ci ritroviamo nella tenda mensa per l'ultimo pasto insieme. Jin ci fornisce una prova delle sue abilità culinarie, preparandoci una pastasciutta memorabile, annaffiata da una bottiglia di vino italiano portata per l'occasione. Brindiamo tutti e sei cercando di nasconderci la preoccupazione per la prova che ci attende; l'appuntamento è dall'altra parte del deserto, per brindare con la bottiglia di spumante che Oscar ha nascosto in fondo alla cassa dei viveri, per scaramanzia. Fuori dalla tenda, immerso nel buio, il Taklimakan, silenzioso, mi aspetta.

Il via

È il giorno fissato per la partenza, mi guardo intorno ancora una volta, quasi a volermi assicurare di non dimenticare nulla. Aggiungo allo zaino il telefono satellitare e controllo il collegamento con il pannello solare: da loro dipenderà la mia sopravvivenza. Per ultimo infilo l'immancabile libro in una delle tasche esterne, anche se so già che avrò poco tempo da dedicare alla lettura: questa volta ho scelto *D'amore e morte* della Allende. Lego alle cinghie posteriori il pupazzo portafortuna che mi hanno regalato le ragazze della redazione di *No Limits World*, la rivista alla quale collaboro anch'io: è Goghi, un canguro con il suo piccolo nel marsupio, che ha scelto la bimba di una di loro. Ho l'impressione di assistere alla scena di un film: osservo i miei compagni impegnati negli ultimi preparativi ma non sono già più con loro, mi sembra di essere lontana mille miglia, come se corpo e mente stessero galleggiando in un'altra dimensione. Vedo Oscar girare delle immagini mentre Jin e Daniele sono alle prese con il computer che servirà per comunicare con l'Italia. I due autisti Salvatore e Vincenzo si occupano degli automezzi e intanto masticano ciascuno un pezzo di legno. Tutti lavorano in silenzio, concentrati nell'impegno degli ultimi istanti, coscienti di quanto li aspetta. Daniele si avvicina: tiene tra le mani la cintura del cardiofrequenzimetro che dovrà rilevare i dati riguardo all'affaticamento e agli indici di rilassamento cardiaco e mi aiuta a posizionarla; dovrò portarla addosso tutto il giorno; anche se il contatto diretto con la pelle mi dà un po' fastidio, vedrò di abituarmici.

Con gesti ormai noti avvolgo intorno alla testa il solito chèche, il turbante di velo dei tuareg lungo sei metri compagno di ogni mia impresa, l'unico copricapo davvero efficace per difendermi dal sole e dalle terribili escursioni termiche, e infilo gli occhiali da sole. I due autisti sollevano lo zaino e per l'ultima volta mi aiutano a caricarlo: d'ora in poi dovrò arrangiarmi da sola. Regolo attorno alle mani le cinghie delle racchette di alluminio, simili a quelle da sci, che uso per la prima volta e che si riveleranno un'ottima scelta, e intanto inizio la fase finale di concentrazione: è il momento più delicato dell'intera impresa. Ritorno con la mente su ogni gesto e nello stesso tempo mi preparo ad affrontare il distacco dai compagni per entrare nella nuova dimensione che mi aspetta, una sorta di altra vita nella quale mi muoverò per circa un mese, senza sapere cosa incontrerò. Per la prima volta mi trovo a fare i conti con un periodo di solitudine così lungo: non conosco nulla del deserto che mi trovo ad affrontare. È il sogno cullato a lungo anche se forse ne ho paura, è il momento della verità: saremo finalmente soli uno di fronte all'altra senza la mediazione di nessuno. Sarò in grado io, piccola donna, di capire con le mie sole forze il linguaggio silenzioso di questo gigante che nessuno fino a oggi ha compreso, di scoprirne giorno dopo giorno i segreti, di accettarne le regole? Riuscirò ad amarlo senza condizioni, senza troppi perché? E lui mi accetterà, vorrà parlarmi oppure resterà sconosciuto, inviolato e solo come ha fatto finora? Alzo gli occhi al cielo in una preghiera silenziosa: so che sto chiedendo molto, ma ci credo davvero e spero che Chi mi ascolta voglia aiutarmi.

Oscar non conosce i miei pensieri o magari li intuisce solo in parte: instancabile continua a filmare, forse per nascondere l'emozione; anche se il Taklimakan è il mio quarto deserto, gli ultimi minuti prima della partenza restano i più difficili per entrambi.

In un attimo mi passano davanti agli occhi i due anni di preparazione che mi hanno condotta fin qui. I volti di tutti coloro che lavorano con me scorrono rapidi nella mente; sono in tanti a credere nel mio sogno e fanno qualsiasi cosa per aiutarmi a realizzarlo. Sento la loro presenza accanto a me, per offrirmi il loro sostegno: la loro fiducia me l'hanno già donata da tempo. Ci stringiamo in un grande abbraccio ideale: se andrà bene, il merito in grande misura sarà loro; da parte mia devo fare il possibile per non deludere chi ha dato così tanto per farmi arrivare fin qui.

Inevitabile, il momento del distacco arriva anche questa volta. Un ultimo abbraccio, una stretta di mano. Ci guardiamo negli occhi: quelli di Oscar sono lucidi, a fatica trattiene le lacrime, meglio andare. Via, subito, con lo sguardo già avanti verso il deserto che mi sta aspettando. Resisto alla tentazione di girarmi, sento i loro occhi seguirmi a lungo, soffro tantissimo ma non cedo. Conosco il rischio che corro a girarmi per un ultimo saluto e sono cosciente della mia fragilità psicologica in questo momento. Finalmente scollino oltre la prima duna di sabbia e con sorpresa la tensione emotiva mi abbandona quasi d'improvviso: adesso sono davvero sola. È il 26 ottobre 1998, l'orologio segna le dodici e quaranta, la grande avventura è iniziata.

Sola

Le prime ore sono le più delicate. Mentre cammino cerco di valutare se il ritmo del passo è adatto al terreno e mentalmente eseguo un rapido controllo del mio corpo partendo dalla testa, cercando di cogliere quei piccoli segnali che possono indicare l'inizio di qualche problema. La scelta di usare le racchette da trekking si rivela subito vincente: oltre a costringermi a un salutare movimento di braccia favorendo la circolazione del sangue, mi aiutano a bilanciare l'assetto di marcia evitando di farmi piegare troppo in avanti sotto il peso dello zaino e inoltre mi sostengono nei tratti in salita. Fa piuttosto caldo, il termometro segna 35 gradi e rivoli di sudore scorrono sotto la stoffa dello chèche, ma niente a che vedere con le temperature sahariane. Cammino ininterrottamente per due ore; quando mi fermo per ingoiare le prime pillole, decido di fare una sosta ogni ora per dieci minuti, giusto il tempo per verificare la direzione e scaricare la schiena dal peso dello zaino.

Il cielo limpido definisce i contorni del fiume asciutto; avanzo decisa, cercando di prendere dei riferimenti precisi che mi aiutino a procedere senza dover deviare troppo dalla rotta; le sponde sono segnate da erbe secche e da ciuffi di cespugli spinosi che cerco di evitare alla meglio. Mi ritornano in mente come un flashback le terribili spine del Kalahari: solo il pensiero mi fa bruciare la pelle; per fortuna qui non sono così fitte e posso aggirarle senza problemi. L'ambiente è piuttosto uniforme e monotono, l'ideale per concentrarsi. Di tanto in tanto arriva il richiamo di qualche animale: spesso sono caprette che compaiono all'improvviso in lontananza per sparire quasi subito nei cespugli ma, all'infuori di loro, non vedo altri esseri viventi muoversi. Ho l'impressione di essere osservata anche se in giro non c'è nessuno: senza dubbio qualcuno dei pastori mi sta guardando a distanza.

Incontro la prima pozzanghera quasi per caso; è nascosta da un avvallamento del terreno molto vicino al bordo del fiume. «Benissimo», penso, «se le trovo con tanta facilità, posso evitare di riempire ogni volta tutti i recipienti d'acqua.» Mentre mi avvicino euforica per l'incontro inaspettato, noto che il suolo intorno è umido e coperto da una patina biancastra. Mi chino a fatica, ostacolata dal carico e ne raccolgo un poco tra pollice e indice, poi la porto alla bocca e l'assaggio: è salata. Attenta a non scivolare in quella fanghiglia appiccicosa mi sporgo verso l'acqua stagnante sul fondo del buco; è di colore grigiastro e quando l'assaggio mi accorgo che il sapore è quasi amaro tanto è piena di sale. In un attimo alla gioia si sostituisce la delusione: se già all'inizio l'acqua è imbevibile, cosa succederà più avanti, quando mi avvicinerò alla zona arida?

Riprendo a camminare in preda allo sconforto e intanto cerco sul terreno intorno dei segnali che indichino la presenza di altre pozze, ma non vedo nulla. Lentamente mi sposto al centro per tagliare una curva e mi accorgo che il fondo è sabbioso senza tracce di umidità; continuo per un'altra ora, ma d'acqua nemmeno l'ombra. Mi rendo conto che se voglio avere qualche possibilità di trovare da bere devo stare vicino alle sponde, però così sono costretta a fare più chilometri per seguire ogni ansa del fiume. Di procedere a zigzag neanche a parlarne, l'alveo è molto ampio e perderei troppo tempo: devo prendere una decisione.

Stabilisco di camminare in mezzo al fiume per mantenere la rotta in direzione nord; verso la metà del pomeriggio, qualche ora prima della sosta notturna, mi sposto sui bordi per fare il campo. In questo modo posso mettere la tenda in una zona più riparata e nello stesso tempo ho maggiori possibilità di trovare qualche pozzanghera, sperando che non siano tutte salate come la prima. La scelta fatta mi solleva un po' il morale: non sbagliavo nel giudicare il Taklimakan imprevedibile e complicato, l'importante è riuscire ad andare avanti prendendo le giuste decisioni, anche se mi rendo conto che non sarà facile. Una cosa è certa: non posso permettermi il lusso di distrarmi neppure un momento, sento che questo deserto non mi perdonerà neppure il più piccolo errore.

Il primo campo

Mi fermo alle sei, circa un'ora e mezzo prima che venga buio e subito avverto il cambio di temperatura; nel giro di pochi minuti il termometro scende a picco avvicinandosi rapidamente allo zero. Indosso veloce la prima tuta di pile alla quale sovrappongo la seconda più pesante, per finire con il gilet e infine il piumino. Ogni capo di abbigliamento è costato mesi di studio ed è stato confezionato usando il materiale fornito da una ditta americana, il più leggero a disposizione sul mercato nel settore, mentre i modelli sono stati studiati a tavolino uno per uno alla ricerca delle migliori soluzioni tecniche e pratiche. Sono stati realizzati in modo da poterli usare sovrapposti l'uno all'altro in caso di necessità e in base alle esigenze del momento, senza però ostacolare i movimenti di chi li indossa.

Nonostante sia ben coperta, sento dei brividi simili a scariche elettriche percorrermi il corpo: è il classico sintomo di affaticamento fisico. Mi costringo a dominare la voglia di sdraiarmi sulla sabbia per riposare, e incomincio a svuotare lo zaino e a montare la tenda; non ho molto tempo a disposizione prima della notte, inoltre devo ancora prendere confidenza con i materiali e decidere il posto da assegnare a ogni cosa all'interno del mio rifugio, in modo da poter trovare quanto mi serve rapidamente anche al buio.

Come è successo per le altre imprese, durante i primi giorni montare e smontare il campo richiede tempi lunghi, che però si riducono sempre più man mano che vado avanti. Quando finalmente tutto è a posto, non resta che lo zaino vuoto: per abitudine non lascio mai nulla all'aperto durante la notte e decido di sistemarlo in fondo alla tenda fra il telo e la testa come ulteriore protezione dal freddo. Per la prima volta dalla partenza, mi preparo a usare il telefono, per chiamare i miei compagni, e ancora una volta controllo le istruzioni che ho segnato nel libriccino che servirà anche come diario. Il segnale di batteria carica è al massimo, questo vuol dire che il pannello solare funziona bene. Perdo un po' di tempo a orientare l'antenna e a stabilire il collegamento, ma finalmente arriva il segnale di linea: risponde subito Oscar, agitato come sempre, e incomincia a bombardarmi di domande. Cerco di nascondergli la preoccupazione riguardo all'acqua e lo svio con delle informazioni tecniche ma inevitabile arriva la domanda: «Tutto bene», rispondo cercando di controllare il tono di voce, «non ci sono problemi, ne ho a sufficienza», poi gli chiedo di passarmi Daniele, con la scusa di verificare alcuni dati del GPS, e a lui dico la verità: «Non ho trovato l'acqua, ma è meglio che Oscar non sappia niente per adesso, aspettiamo domani per vedere cosa succede», gli raccomando. «Sono d'accordo, va bene così», risponde con tono neutro, mentre in sottofondo sento la voce di Oscar gridare un ultimo saluto. Speriamo bene!

Sistemo sulla testa il cinghiolo con la pila, ma la accendo solo per qualche minuto, il minimo indispensabile per trovare gli ingredienti e prepararmi un brodo caldo con dado, aglio e peperoncino; mentre la notte scende rapida, sorseggio la mia cena al buio, seduta davanti alla tenda, cercando di scaldarmi le mani con il recipiente caldo. Il silenzio è pesante, neppure un refolo di vento muove la rada vegetazione intorno. Non posso neanche leggere, le poche batterie che ho con me devo conservarle per i momenti di emergenza. Per la prima volta mi sento davvero sola, non posso permettermi neppure il conforto del libro prima di allungarmi nel sacco piuma che sono costretta a dividere con le batterie del telefono, quelle della videocamera, le pile di riserva e la macchina fotografica, per tenerle al caldo e farle durare il più a lungo possibile. Passo la notte a spostare con i piedi l'involucro che contiene tutto il materiale e alla fine mi rassegno alla scomoda coabitazione che durerà fino all'ultimo giorno: pazienza.

Una lunga notte

È stata la notte più lunga della mia vita: quattordici ore di buio infinite, fredde, silenziose. Come sempre durante le imprese dormo poco, non più di tre o quattro ore, il resto sono spazi neri da riempire prima di tornare alla luce. Il tempo per pensare non manca, ma spesso è meglio non farlo; la notte chiama i pensieri più cupi, quelli che non osano farsi strada in altri momenti; approfittano del buio per arrivare inaspettati e insinuarsi nella mente a creare inutili angosce; dopo tanti esperimenti, sono riuscita a trovare il modo di far passare il tempo per non soffrire troppo: metto la mente in una condizione di stallo, una sorta di stand-by senza emozioni o ricordi, aspettando che il tempo passi senza tentare di riempire gli spazi vuoti. Non lascia alcuna traccia ma funziona.

Le gambe sono indolenzite e soffrono per la stanchezza del primo giorno di cammino, ma sono soprattutto le spalle a risentirne di più. Gli spallacci dello zaino hanno tracciato due solchi talmente sensibili che anche il contatto con la stoffa fa male; a causa del freddo intenso sono costretta a dormire vestita e ogni movimento risveglia il dolore. Un paio di volte esco dalla tenda, per soddisfare le necessità fisiologiche e anche per stirare i muscoli affaticati, ma bastano pochi minuti per farmi passare la voglia di stare all'aperto. Il freddo intenso si insinua nelle ossa e sembra aumentare ancora di più la stanchezza; quando rientro devo spostare buona parte del materiale per riuscire a infilarmi di nuovo nel sacco piuma e impiego un bel po' di tempo per ritrovare una posizione decente che mi permetta di stare sdraiata senza sentire male. Il materassino sottile è sufficiente a isolarmi dal terreno ma non è abbastanza morbido per compensarne le irregolarità e, ogni volta che mi giro su un fianco o sull'altro (cosa che succede decine di volte), sposto lo chèche e i vestiti che ho indossato durante il giorno e che diventano il mio cuscino per la notte. Così mi tocca piegarli e sistemarli infinite volte prima di trovare una posizione comoda. Mi riprometto domani di studiare un'altra soluzione che mi permetta di appoggiare la testa su una base morbida senza incontrare ogni volta cerniere e bottoni.

Il cielo incomincia a schiarirsi intorno alle otto, ma fa ancora molto freddo e decido di aspettare un'altra mezz'ora prima di disfare il campo. Consulto gli appunti presi alla partenza e mi viene in mente che prima di iniziare la giornata devo rilevare i dati che indicano l'indice di rilassamento cardiaco; lego al polso l'orologio digitale collegato al cardiofrequenzimetro e allungo la mano per prendere la cinghia da fissare al torace; per favorirne l'aderenza alla pelle, bagno con la lingua il punto in cui si trovano gli elettrodi e il contatto con la plastica gelata mi ricorda la sgradevole sensazione che si prova quando si verifica la carica delle batterie. Non è semplice sistemare la cintura sotto gli innumerevoli strati di tessuto che ho addosso e quando finalmente riesco ad allacciarla l'incontro della pelle nuda con la cinghia ghiacciata per un attimo mi toglie il fiato. Per altri tre minuti rimango sdraiata mentre l'apparecchio fa il suo lavoro, poi segno sul taccuino giorno e ora del rilevamento e il numero che compare sul display dell'orologio: sarà questo il primo gesto da compiere ogni mattina, per tutta la traversata.

Finalmente arriva il sole e, come sempre succede, in pochi minuti la temperatura comincia a salire. Impiego un sacco di tempo a smontare il campo, è necessario memorizzare ogni gesto per imparare a ripeterlo meccanicamente tutte le mattine. Preparo il materiale per poi riporlo nello zaino, nei tre settori destinati rispettivamente a giorno, notte e tecnico. L'acqua è sistemata nella parte centrale, la più resistente al carico, e questa volta per ridurre ancora di più il peso scelgo di trasportarla in comuni bottiglie di plastica anziché nelle tradizionali borracce. Prima di partire, le infilo nelle cinghie elastiche realizzate apposta e fissate internamente ai lati dello zaino per mantenerle in posizione corretta durante la marcia ed evitare che si rovescino. Quando finisco il sole è già alto; ripongo anche il gilet di pile e decido di partire con la sola camicia: anche se fa ancora freddo, preferisco restare con abiti più leggeri anche per evitare ulteriori soste oltre a quelle programmate. Resta solo da aggiungere il telefono, lo sistemo sempre per ultimo, è troppo prezioso per rischiare che durante le operazioni di carico si danneggi. È protetto da una custodia imbottita per salvarlo dalla sabbia e da eventuali colpi e per trasportarlo è stato creato un vano su misura, situato sulla sommità dello zaino, talmente perfetto che devo incastrarlo al millimetro per riuscire a chiudere la cerniera. Controllo più volte che il cavo di collegamento con il pannello solare sia inserito correttamente: ogni giorno la batteria deve essere caricata al massimo per riuscire a parlare con la squadra ed è sufficiente una piccola distrazione per provocare un guaio. So bene cosa significhi un contatto mancato per i miei compagni; la loro angoscia può metterli in condizioni di prendere decisioni improvvise; proprio per evitare di far scattare inutilmente le operazioni di soccorso, prima di partire abbiamo stabilito di comune accordo che in caso di silenzio da parte mia si muoveranno solamente dopo il secondo giorno, basandosi sull'ultima posizione segnalata.

Non riesco quasi a sollevare lo zaino; nonostante abbia già consumato parte dell'acqua, lo sento pesantissimo; per riuscire a issarmelo in spalla devo studiare una tecnica simile a quella dei sollevatori di pesi: piego le ginocchia e lo afferro per le cinghie, poi con uno strappo lo appoggio sulla coscia sinistra (sono mancina!); da quella posizione mi piego sul fianco e infilo il braccio sinistro nello spallaccio; infine con un colpo di schiena mi rialzo e faccio passare il secondo braccio. Lo slancio è tale che per un attimo perdo l'equilibrio e rischio di cadere; stringo la cinghia in vita e mi scappa un'imprecazione mentre mi chino a raccogliere racchette e guanti che ho stupidamente lasciato per terra: ho ancora molto da imparare.

Il terreno è difficile: sto tagliando una grossa ansa del fiume e mi ritrovo subito tra la sabbia morbida, sagomata in piccole dune in un continuo su e giù faticosissimo; l'alternativa è continuare nell'alveo del Keriya, ma questo vuol dire percorrere troppa strada inutile, preferisco soffrire per il fondo irregolare che dover camminare per molti chilometri in più. Da un cespuglio salta fuori un leprotto grigio e bianco: è spaventato e si allontana a piccoli salti per nascondersi in un anfratto protetto da rami secchi; il panorama non è affascinante, ovunque lasci vagare lo sguardo è sempre uguale.

Le vedo all'ultimo istante; sono così ben mimetizzate che a momenti le supero senza accorgermene. Due capanne di paglia e fango sorgono dalla sabbia, nascoste da un avvallamento e protette da alcuni alberelli contorti e rinsecchiti; sembrano abbandonate, ma quando mi avvicino vedo qualche capretta e subito dopo un paio di testoline sbucano dall'interno di una delle misere costruzioni; in pochi istanti mi trovo circondata da facce stupite e sorridenti, talmente incredule da sembrare inespressive. Per un attimo levo gli occhiali da sole e abbasso lo chèche dal viso, ma dubito che abbiano capito di trovarsi davanti a una donna. A gesti cerco di spiegarmi, mimo l'atto del bere e aspetto: mi guardano stralunati e allora ripeto, rafforzando il tutto con un 'glu glu' molto efficace. Finalmente uno di loro annuisce e con la mano tesa compie un largo semicerchio che copre 180 gradi di orizzonte; indicazione vaga ma eloquente. Li ringrazio a mani giunte chinando il capo e riparto, salutandoli un'ultima volta con il braccio alzato; quando mi giro ancora, sono tutti lì, immobili come li ho lasciati, convinti forse di aver avuto una visione.

Superata la grande curva, mi immetto nuovamente nel percorso del Keriya e appena raggiunta la spianata finalmente trovo una pozzanghera d'acqua dolce, è la prima dalla partenza. Non invoglia certo a bere: è torbida, il colore è lo stesso della sabbia e sulla superficie galleggiano chiazze di schiuma giallastra. Riempio le bottiglie vuote servendomi del pentolino che uso per preparare il brodo e di un piccolo imbuto; cerco di raccogliere l'acqua in superficie per non smuovere la sabbia e contemporaneamente con un leggero movimento allontano la schiuma; mentre lavoro vedo minuscoli pesciolini saettare sul fondo, spaventati dall'intrusione. Quando ho finito, lascio cadere in ogni recipiente una pastiglia disinfettante, dovrò attendere circa un'ora prima di poter usare l'acqua, ma è una precauzione fondamentale: il rischio che sia infetta è piuttosto alto e le conseguenze sarebbero tali da precludermi per sempre la possibilità di viaggiare.

Riprendo il cammino con un nuovo vigore: è un grande conforto aver trovato l'acqua anche se il sapore è orribile; non ho scelta, d'ora in avanti dovrò abituarmici.

Tocco il fondo

So che prima o poi succede, è sempre stato così e mi preparo mentalmente ad affrontarla; sto parlando della crisi, la solita terribile crisi dell'inizio che ogni volta si manifesta in modo differente. Vado avanti a testa bassa, attenta a ogni piccolo segnale, a captare quel senso di angoscia misto a sofferenza che immancabilmente sfocia nella medesima domanda: «Ma chi me l'ha fatto fare?» Ho trascorso un'altra notte lunga e fredda, interrotta da strani rumori, forse versi di animali invisibili. Non mi sono ancora adattata al nuovo ambiente e ne subisco le conseguenze senza riuscire a trovare i mezzi per reagire.

Incominciano a formarsi le prime vesciche sulle dita dei piedi, dolorose ma controllabili, che proteggo subito con dei cerotti, ma purtroppo i guai non finiscono qui, sento che sta succedendo quello che temevo: un prurito misto a bruciore incomincia a diffondersi per tutto il tallone sinistro. Il ricordo delle precedenti esperienze mi consiglia di fermarmi subito a controllare: vedo che la pelle è arrossata e si presenta lucida e tesa. Medico come posso il punto di attrito con la scarpa e lo copro con un cerotto ma so già che non servirà a risolvere il problema. Quando mi fermo, alla sera, scopro che si è formata una vescica, già gonfia e piena d'acqua. Non mi resta da fare altro che lavare e disinfettare il piede, poi servendomi di ago e filo buco la pelle e annodo i due capi del filo per lasciare un drenaggio e fare in modo che si asciughi durante la notte. Sento un sollievo immediato ma non mi illudo: sono consapevole delle conseguenze che mi aspettano. Il mattino successivo applico uno speciale cerotto a pelle e infilo la scarpa; appena accenno qualche passo, subito delle fitte lancinanti partono dirette al cervello, talmente forti da togliermi il fiato: sento le lacrime bagnarmi il viso, vorrei reagire ma il dolore è davvero forte. Non posso certo aspettare che il piede guarisca, vorrebbe dire fermarsi per diversi giorni; anche trovando l'acqua esaurirei tutte le scorte e non posso pensare di arrivare alle grandi dune senza il necessario per sopravvivere; i rifornimenti della squadra sono organizzati per lasciarmi solo acqua, inoltre so dall'ultima comunicazione con i miei compagni che sono già partiti in carovana con i cammelli: non ho scelta, devo assolutamente continuare. Cerco di ricordare la tecnica usata in Kalahari per controllare il dolore, immaginando di camminare sollevata dalla sabbia, ma funziona solo in parte; sono nella fase iniziale, la più difficile, non ho ancora raggiunto l'equilibrio necessario e devo gradatamente abituarmi a convivere con la sofferenza. Mi avvio zoppicante, cercando di caricare maggiormente sulla gamba destra, ma il peso dello zaino è tale da limitare anche questa manovra. Vado avanti per tutto il giorno, quasi con rabbia. A tratti impreco, poi inizio a gridare e infine scoppio a piangere; sto sbagliando tutto ma non ce la faccio, sono impotente davanti a tanto dolore. Arrivo alla sera sfinita; finalmente mi fermo e tolgo il cerotto. Quando guardo il piede mi prende quasi un colpo: al posto della vescica c'è una piaga grande come tutto il tallone, simile a un'ustione di secondo grado, non mi era mai successo nulla di simile. Mi accascio nella sabbia disperata, incapace di reagire; non ho neppure la forza di montare la tenda. Raggomitolata per terra a piedi nudi, lascio che tutta la sofferenza che ho dentro mi travolga come un fiume in piena e aspetto, fino a quando lentamente incomincia a defluire. Non so quanto tempo è passato, il cielo è quasi buio quando incomincio ad avvertire il contatto con il terreno, che si raffredda rapidamente sotto il corpo, sono percorsa dai brividi ma non è solo freddo. Piano piano allungo una mano e accarezzo la sabbia in cerca di conforto; sono spossata ma mi accorgo che sto riprendendo il contatto con la realtà. Il dolore si stempera lentamente fino a diventare accettabile. Percepisco l'immensa forza che si sprigiona dall'ambiente che mi sta intorno, sono frastornata ma non ho paura, la disperazione si è dissolta per lasciare il posto a una consapevolezza del tutto nuova. Nessuno può aiutarmi, solo io posso decidere cosa fare. Guardo l'orologio, è l'ora del collegamento con i miei compagni; carponi raggiungo lo zaino ed estraggo il telefono, poi formo il numero; la voce di Oscar arriva chiara e per una volta lo sento tranquillo: «Come stai, tutto OK?» La pausa troppo lunga lo spaventa: «Carla, mi senti? Allora come va? Rispondi!» Guardo il piede martoriato immerso nella sabbia, prendo fiato e con forza stringo la cornetta: «È tutto OK, va bene, fa solo un po' freddo, ma sto bene!» Poi mi guardo attorno e, senza neppure rendermene conto, faccio l'occhiolino al deserto.

Proteggo i piedi con i calzari di pile leggerissimo che uso per dormire la notte, ma anche il leggero contatto con la stoffa fa male. Dormo pochissimo: ogni volta che mi allungo nel sacco piuma e vado a urtare il pacco delle batterie con il piede ferito mi sfugge un gemito di dolore. A soli tre giorni dalla partenza sono ridotta davvero male, e pensare che mi sono allenata a lungo con le scarpe prima di partire! D'altra parte le condizioni del terreno qui sono tali da sconvolgere ogni previsione e tutto il materiale viene sperimentato per la prima volta sul campo; si tratta di autentici test estremi, che forniscono indicazioni preziose per migliorarne la qualità tecnica, ma inevitabilmente riservano delle sorprese: il deserto è un luogo talmente particolare, che è capace di cambiare ogni regola nel giro di pochissimo tempo.

Al mattino cerco di rimandare il più possibile il momento in cui dovrò mettere le scarpe; quando decido e infilo il piede, il dolore è tale da darmi la nausea e senza volerlo calde lacrime incominciano a scivolare sotto lo chèche. Ogni passo è una coltellata che arriva fino alle tempie e anche il ritmo cardiaco aumenta in modo impressionante. Cerco di aumentare ancora il carico sulla gamba destra, ma dopo qualche ora il ginocchio inizia a risentire dello sforzo e fa male; secondo i dati del mio GPS dovrei arrivare all'oasi di Daheyan prima di sera, è l'ultimo luogo abitato prima della grande traversata; mi riservo di arrivare fin lì e poi prendere l'ultima decisione.

Poco prima del tramonto incomincio a scorgere tracce di presenza umana; sono le solite caprette a darmi il benvenuto. L'oasi è composta da un cortile sabbioso circondato da semplici capanne in fango di forma rettangolare. La vegetazione è inesistente, fatta eccezione per alcune piante polverose che spargono un'ombra appena sufficiente a riparare i pochi cammelli che ruminano pigri, nella solita posizione accucciata di riposo. Mi avvicino in silenzio, sotto gli sguardi dei rari curiosi che vivono qui; uomini e donne interrompono ogni attività per seguire con gli occhi l'avanzare di questo essere dalla testa fasciata di bianco, che zoppica vistosamente sotto il peso di uno zaino, appoggiandosi a un paio di racchette. Alzo le mani in un gesto di saluto al quale solo qualcuno di loro risponde. Mi dirigo verso un tronco a terra, e mi lascio cadere seduta sull'improvvisata panchina con lo zaino ancora addosso, sotto lo sguardo dell'intera comunità: sono esausta, ogni centimetro del mio corpo è indolenzito e il piede pulsa come se dovesse esplodere nella scarpa da un momento all'altro. Si tengono tutti a rispettosa distanza, come se temessero una mia reazione, ma la dolcezza degli sguardi e qualche sorriso appena accennato rivelano la loro cordialità; semplicemente non sanno cosa fare. Quando mi libero dallo zaino e inizio a sfilare le scarpe, cominciano ad avvicinarsi e appena scopro il tallone ferito un coro di 'ooh!' si leva unanime; a quel punto tolgo anche il turbante e la scoperta di trovarsi davanti a una donna li sconvolge del tutto. Una ragazza si avvicina con un catino pieno d'acqua e un pezzo di sapone: il gesto semplice ma spontaneo mi commuove e stento a trattenere le lacrime, mentre anche gli altri si fanno più vicini.

È l'ora del collegamento telefonico: vorrei allontanarmi, per non sollecitare oltre la loro curiosità ma non ne ho la forza. Ogni gesto è seguito in silenzio, mentre preparo l'apparecchio e sistemo l'antenna, fino a quando il segnale di ricezione non indica che è possibile effettuare la chiamata.

Durante il collegamento accenno il problema a Oscar: sono più serena di ieri, ma la situazione è comunque grave, e preferisco avere un suo parere in proposito. «Cosa faccio?» Stranamente per una volta sottovaluta il problema, in fondo è solo una vescica sul piede, e da medico risponde: «Cosa vuoi fare, va' avanti!» Per un attimo sono tentata di mandarlo al diavolo, poi cerco di dominare la rabbia e chiedo di parlare con Daniele: non solo è molto più calmo, ma è anche meno coinvolto affettivamente e quindi risulta più facile comunicare.

Non di rado mi capita di riflettere sull'opportunità di avere vicino mio marito durante queste imprese. È vero che spesso si lascia prendere dall'emozione ma è altrettanto vero che so di poter contare su di lui per qualsiasi evenienza: tutto sommato preferisco fare i conti con la sua emotività, frutto del grande affetto che prova nei miei confronti, accettando anche gli inevitabili momenti di tensione. Per fortuna è sempre affiancato da altre persone estranee alla nostra famiglia alle quali posso fare riferimento nei momenti più critici, come in questo caso.

Mentre parlo, lo sguardo mi cade sui piedi degli uomini intorno a me: calzano tutti semplicissime scarpe di tela color verde militare, con la suola di gomma. Hanno l'aria di essere molto morbide e leggere, vorrei tanto sapere come se le sono procurate. A gesti mi rivolgo a uno di loro, sperando che mi capisca. Mi fa cenno di seguirlo: infilo le calze e lascio lo zaino appoggiato al tronco. Attraversiamo il villaggio fino a una capanna semibuia dove tra sacchi di farina e sale, corde, stracci e candele vedo accatastati gli oggetti più disparati tra i quali due paia di scarpe uguali alle sue. Non nutro molte speranze mentre le prendo in mano, ma i cinesi hanno i piedi piccoli e quando ne provo una mi accorgo che è quasi della mia misura: sembrano davvero comode. Faccio segno all'uomo che vanno bene e mentre le prendo in mano penso: «Già, ma come le pago?» L'entusiasmo cede il posto allo sconforto: non ho nulla da lasciare in cambio, perfino le pile di scorta sono contate, come faccio? Un flash improvviso si affaccia alla mente: ricordo di aver visto da qualche parte nel mio bagaglio dei soldi locali. Torno al punto in cui ho lasciato lo zaino, osservato a vista dai bambini attirati più che altro dal peluche appeso fuori, e comincio a rovistare tra i vestiti; quando infilo la mano nel taschino della camicia di scorta che indossavo alla partenza trovo i soldi: sono poche banconote tutte stropicciate di yuan, la moneta locale, che per una stranissima combinazione prima di partire avevo dimenticato; non mi succede mai di avere appresso del denaro, ricordo che quando me ne sono accorta il primo giorno mi sono data della stupida; le conto e vedo che equivalgono a tremila lire. «Speriamo che bastino», mormoro in silenzio. Le porgo all'uomo che le guarda un momento, poi sorride soddisfatto e mi consegna le scarpe: affare fatto.

Parto dall'oasi la mattina seguente, con ai piedi le nuove calzature cinesi. La piaga, lavata e disinfettata, è protetta dai cerotti sui quali ho sistemato una spessa imbottitura di cotone per attutire l'impatto con la scarpa; piede e caviglia sono fasciati con una benda elastica che ha il compito di mantenere a posto la medicazione. Il dolore è sempre molto forte, però riesco almeno a camminare. Gli abitanti dell'oasi si sono riuniti tutti per salutarmi; non so se hanno ben capito dove sto andando, l'unica cosa certa è che con il loro aiuto posso continuare la mia impresa: non potrò mai ringraziarli abbastanza.

Le grandi dune

A Daheyan ho caricato quanta più acqua mi è stato possibile e il peso dello zaino sembra schiacciarmi a terra; il piede massacrato sopporta bene il carico anche se a ogni passo arriva la solita fitta lancinante, ma più sopportabile. Cammino in direzione nord, arrancando su quello che sembra un piccolo sentiero per animali; sono in marcia già da diverse ore e da parecchio tempo non vedo nulla che possa indicare la presenza di una sia pur minima forma di vita, tutto è rimasto all'oasi, ultimo avamposto prima del nulla. Per due giorni vado avanti come se fossi in trance; trovo le ultime tracce d'acqua in un rigagnolo che scorre ai lati del sentiero, forse lo stesso che ho notato all'oasi e che quasi per miracolo riemerge qui tra la sabbia: l'ultimo saluto del Keriya, prima di scomparire del tutto. Decido di accamparmi vicino all'acqua per l'ultimo rifornimento e ne approfitto per lavarmi: non so quando potrò ancora farlo. Il termometro segna –3, mi spoglio e con il solito pentolino mi verso addosso l'acqua. Per un attimo mi manca il fiato: è gelida. Resisto fino a quando non ho tutto il corpo bagnato, senza lavare i capelli, poi incomincio a strofinarmi con lo chèche, trasformato per l'occasione in spugna da bagno, e mi rivesto con i pile che uso ogni sera: dopo una settimana di campi nel deserto non sono certamente freschi di bucato, ma è tutto quello che ho a disposizione e mi sento ugualmente pulita.

Pochi chilometri più avanti anche l'ultima traccia d'acqua sparisce del tutto, persa nella sabbia. Quando alzo gli occhi me le trovo davanti improvvisamente: sono le grandi dune del Taklimakan, terrore dei viaggiatori di tutte le epoche. Si stendono a perdita d'occhio in un'area immensa; sono morbide e belle da togliere il fiato. Mi sento piccola piccola davanti a uno spettacolo tanto imponente! Le guardo con il rispetto che si deve a una simile meraviglia della natura e già ne subisco il fascino. Sento che mi stanno chiamando, mi invitano ad avvicinarmi, anche se dentro di me una voce mi consiglia di stare attenta, di non lasciarmi attrarre: «Concentrati, sono pericolose, non dimenticare che nessuno è mai entrato da solo qui!» Guardo verso il cielo, azzurro come solo nel deserto riesce a essere, e chiedo a Chi mi sta seguendo dall'alto di darmi la forza di affrontare quello che mi aspetta. Poi ad alta voce mi rivolgo al Taklimakan: «Ti prego, lasciami passare!»

Incomincio l'interminabile su e giù tra le dune, ognuna è una piccola collina da superare; sono talmente vicine l'una all'altra da non lasciare spazi pianeggianti e sono costretta a camminare sempre in salita e in discesa. Il caldo aumenta, il termometro sfiora i 40 gradi e, con tutto il peso che porto addosso, ben presto mi ritrovo in un bagno di sudore. I punti di contatto con lo zaino sono quelli che soffrono di più: spalle, fianchi, vita e schiena sono perennemente bagnati e la pelle comincia a macerare sotto la stoffa fradicia. Continuo con gli stessi ritmi di marcia che mi sono imposta fin dal primo giorno: un'ora di cammino e dieci minuti di sosta per togliere lo zaino, riposare e bere. A ogni sosta rilevo la rotta: dalla partenza sto camminando in direzione nord, ora devo invece deviare quasi ad angolo retto verso ovest; nello studio del percorso da seguire ho visto che le carte riportano il tracciato di un altro fiume fantasma, l'Hotan, che dovrebbe riapparire al di là della zona di dune ma molto più spostato a sinistra rispetto al punto in cui mi trovo ora. L'unica speranza di ritrovare l'acqua è riuscire a incrociarne il percorso e seguirlo riprendendo la marcia verso nord fino ad arrivare nei dintorni di Aksu, luogo in cui dovrebbe terminare l'impresa. Il cambiamento di rotta mi costringe a spostare il pannello solare sul lato sinistro dello zaino verso il sole, per garantire la ricarica del telefono.

La conformazione delle dune è simile a quella dei pendii innevati delle nostre montagne: sui versanti all'ombra la sabbia è più dura e compatta e regge meglio il mio peso; dalla parte opposta, invece, il calore del sole la rende soffice e cedevole, proprio come succede alla neve e allora è un massacro: i piedi sprofondano completamente e a ogni passo sputo sangue per la fatica di spostare la massa di sabbia molle e pesante che mi blocca nel terreno e si infila ovunque. Succede spesso che dopo passaggi particolarmente difficili io sia costretta a fermarmi per svuotare le scarpe: allora per risparmiare tempo mi siedo nella sabbia senza neppure togliere lo zaino, anche se ogni volta pago uno sforzo enorme per rimettermi in piedi e ripartire. Non è facile mantenere la rotta in queste condizioni: per evitare di dover salire e scendere ogni duna che incontro, cerco i passaggi che mi permettono di andare avanti senza scalare ogni pendio; queste deviazioni, però, se da una parte mi permettono di risparmiare energie, dall'altra mi costringono a cambiare continuamente direzione, e questo significa spesso allungare il percorso.

Vado avanti fino alla solita ora, preparandomi psicologicamente alla prima notte tra le dune e intanto continuo a guardarmi intorno alla ricerca di un luogo riparato e abbastanza pianeggiante dove montare il campo, anche se non sarà facile. Finalmente lo trovo, a ridosso di una parete sabbiosa quasi verticale: è un buco poco più grande della mia tenda dove riesco a malapena a sistemare tutta l'attrezzatura, ma va benissimo. Rifletto che se dovesse succedermi qualcosa, nessuno riuscirebbe a trovarmi qua dentro, neppure se dovesse passare a un metro di distanza dal campo: in un attimo cancello il pensiero negativo: non è il momento di lasciarsi trasportare da certe fantasie. Quando chiamo la squadra, per prima cosa trasmetto a Oscar le coordinate della mia posizione; è fondamentale che sappiano sempre dove mi trovo: se dovessimo perdere il contatto e fossero costretti a venirmi a cercare, le ricerche partirebbero proprio da quest'ultima indicazione. Mi comunica che hanno terminato di piazzare i quattro rifornimenti d'acqua e stanno per raggiungere gli automezzi con i quali si sposteranno lungo i bordi del deserto; tutto è andato bene, il loro lavoro è finito, adesso tocca a me. Scandisce lentamente i dati di ogni rifornimento in gradi di latitudine e longitudine, che scrivo sul diario; poi per sicurezza li ripetiamo insieme più volte.

Quando termina il collegamento studio con calma le informazioni: a ogni rifornimento troverò sei litri d'acqua, il massimo che riesco a caricare e che dovrebbe bastare fino al successivo. Se riesco a camminare regolarmente come prevedo di fare, dovrei raggiungerli ogni due giorni, ciò vuole dire avere a disposizione tre litri d'acqua al giorno che corrispondono alla quantità che abbiamo deciso prima della partenza; il fabbisogno giornaliero ideale nel deserto di solito è compreso tra i quattro litri e i quattro e mezzo, ma grazie alle basse temperature della notte credo di riuscire a contenere il consumo. Dovrò stare molto attenta a non sprecarne neppure una goccia; so benissimo che se per disgrazia dovesse capitarmi di rovesciarne anche solo una parte sarebbero guai seri. Mi viene in mente la sete sofferta in Kalahari: è un'esperienza che mi auguro di non dover mai più ripetere. Controllo il GPS: in base ai dati del rilevamento, dovrei trovarmi a due giorni di distanza circa dal primo rifornimento. Per aiutarmi a trovarli con maggiore facilità, a distinguerli subito tra le dune, la squadra mi comunica di avere ideato un sistema semplice ma efficace: ogni punto è segnalato da una bandiera colorata legata a un bastone di legno alto un paio di metri piantato nel terreno. Non sarà scontato riuscire a individuare un riferimento così piccolo in mezzo a questo mare di sabbia, ma è sempre meglio di niente: speriamo di farcela.

Libero il piede ferito dalla scarpa e dalla calza, poi lentamente rimuovo le fasce e il cotone fino ad arrivare al cerotto: è ridotto a un impasto di sabbia mista a siero. Pian piano, con l'aiuto di una salvietta igienica umida, riesco a toglierlo del tutto e lo spettacolo della piaga che ho davanti mi stringe lo stomaco, anche se ormai dovrei esserci abituata; è coperta anch'essa da uno strato di sabbia e sangue, che riesco a malapena a rimuovere con la poca acqua di cui posso disporre. Mi ritornano in mente gli insegnamenti degli amici nomadi con i quali ho condiviso le precedenti esperienze: solo con l'aiuto del deserto posso superare ogni difficoltà. Immergo il piede nella sabbia ormai fredda, per fare asciugare la ferita e lasciare che me la lavi e avverto subito un senso di sollievo. Resisto a piedi nudi il più possibile, fino a quando la temperatura non mi costringe a proteggerli: allora mi siedo davanti alla tenda, rannicchiata nel sacco a pelo, e accendo il fornellino per scaldare un poco d'acqua e prepararmi il solito brodo piccante. L'ultima luce illumina le cime delle dune, definendone i contorni color ocra sullo sfondo blu cobalto del cielo. Ogni volta mi incanto a osservarne la purezza delle linee, così diverse tra loro ma nello stesso tempo così armoniose, legate l'una all'altra a comporre un unico capolavoro creato dall'inesauribile fantasia di Madre Natura.

Senza fine

Per la prima volta dalla partenza ho dormito bene, cullata dal silenzio del deserto. Sono sempre poche le ore di sonno, però sono più rilassata rispetto ai primi giorni, ormai ho acquisito una certa dimestichezza nell'uso del materiale, ma soprattutto mi accorgo di aver raggiunto quasi del tutto quell'equilibrio interno che mi aiuta ad andare avanti dominando la sofferenza. A piedi nudi salgo sul rilievo davanti alla tenda, per scattare alcune foto del campo: il panorama intorno è talmente bello da lasciarmi senza fiato. Dovunque a perdita d'occhio un orizzonte a 360 gradi si perde all'infinito. È fatto solo di dune, talmente vicine l'una all'altra da sembrare un oceano in tempesta. La morbidezza delle forme fa pensare a un movimento costante, invece tutto è fermo, irreale nella sua perfezione. Non ho mai visto nulla di simile, neppure in Sahara ho provato questa sensazione di infinito. Nulla si muove. In un attimo percepisco che in centinaia di chilometri solo io sto camminando. Respiro, parlo, mi muovo in un mondo dove tutto è immobile, privo di vita: sono l'unica a vivere. Solo la minuscola tenda interrompe l'uniformità dell'ambiente, unica macchia colorata a perdita d'occhio. Credo che in questi casi si possano provare solo emozioni fortissime e contrastanti: può esserci una grande angoscia che sfiora il panico, oppure un'infinita sensazione di benessere e di pace: ecco, a me il deserto regala proprio quest'ultima. Nonostante la fatica, il piede massacrato, la schiena a pezzi, mi sento bene: è un benessere interiore, quello che tutti noi cerchiamo ma tanto difficile da trovare nel quotidiano. Per questo amo il deserto, perché sa donarmi momenti unici, dal valore inestimabile, che valgono ogni attimo di fatica e sacrificio.

Zoppico vistosamente mentre riprendo a camminare: vado avanti con la forza della determinazione, a testa bassa, serro le mascelle fino a sentire l'articolazione che si contrae indolenzita, trovo nuove energie per continuare, un passo dopo l'altro tra dune sempre più alte; il fruscio dei miei piedi si accompagna a quello delle racchette che ritmicamente bucano la sabbia, a violare il silenzio, padrone di ogni cosa. Quasi d'improvviso una fitta al fianco mi lascia senza fiato, è talmente forte e inaspettata che mi si piegano le gambe: cosa diavolo sta succedendo ancora? Continuo e dopo pochi passi eccola di nuovo, uguale alla prima. Mi fermo e infilo la mano sotto la cinghia che mi stringe la vita: sembra tutto a posto; provo a muoverla e la abbasso un poco sul fianco ma il dolore ritorna, violento, continuo, a ogni passo è una lama rovente che affonda nella carne per esplodere nella testa. Cerco di resistere, ma non è facile andare avanti così. Mi impongo di continuare fino alla sosta, non manca molto e per impegnare la mente tento di dare un nome alla sofferenza. Non sembra un dolore muscolare: l'intensità con la quale si sta manifestando fa pensare piuttosto a un nervo. Quando mi fermo, esamino con attenzione il fianco e mi accorgo che nel punto dove sto soffrendo si è formato un piccolo livido bluastro. Lo sfioro appena con le dita cercando di fare attenzione ma anche il leggero contatto provoca un nuovo acuto dolore. Credo di aver capito di cosa si tratta: quasi certamente il continuo contatto con lo zaino ha provocato un'infiammazione alla terminazione nervosa. Rovisto nello scompartimento tecnico e finalmente trovo quello che cerco: è un pezzo di gommapiuma che porto sempre con me nei viaggi. Ne ritaglio una striscia e la infilo nello slip per tenerla ferma all'altezza del fianco, cercando di sistemarla in modo da proteggere il livido e poi allaccio la cinghia dello zaino. Lentamente muovo qualche passo per provarne la tenuta: grazie al cielo funziona. Da questo momento dovrò viaggiare con un accessorio in più addosso; per sicurezza per qualche giorno prenderò anche degli antinfiammatori, almeno fino a quando non sarò sicura che tutto è ritornato normale.

Alla sera, una nuova sorpresa mi aspetta: quando sfilo il telefono dalla custodia per il consueto appuntamento quotidiano, mi accorgo che la spina che lo collega al pannello solare si è staccata. Lo accendo, pregando che non sia successo quello che temo, ma purtroppo il segnale che indica la carica della batteria è a fondo scala, e quando compongo il numero non sento alcun suono; provo e riprovo orientando l'antenna in tutte le direzioni ma non c'è niente da fare, la linea è muta, sono isolata dal resto del mondo. L'angoscia è tutta per i miei compagni; speriamo che capiscano la situazione. La sera precedente ci siamo parlati con calma, hanno le coordinate dell'ultimo campo e sanno che non devono intervenire subito, ma posso immaginare i loro pensieri. Mi arrabbio mille volte con me stessa, per non aver controllato prima il telefono; di solito lo faccio sempre durante le soste, ma oggi il dolore al fianco mi ha annebbiato i riflessi e per una volta ho saltato il rituale. «Concentrati Carla, non puoi abbassare la guardia neanche un attimo, il Taklimakan non perdona», mi ripeto più volte. È vero, questo deserto mi lascia andare avanti ma non concede nulla: rischio di pagare caro ogni errore.

Troverò i rifornimenti?

Soffro molto per il freddo notturno; se di giorno le temperature non superano i 38 gradi, nelle ore notturne scendono parecchio al di sotto dello zero e mi succede spesso di svegliarmi scossa dai brividi. Ogni notte la condensa che si forma all'interno della tenda gela formando una patina bianca di cristalli di ghiaccio che ne ricopre tutte le pareti interne. Per il solito problema di peso, la tendina è stata realizzata con un materiale ultraleggero, molto simile a quello utilizzato per gli spinnaker delle barche a vela e senza la copertura esterna quindi l'isolamento termico che riesce a garantire è minimo e il freddo penetra dovunque. Nel tentativo di far circolare più aria possibile all'interno, per tutta la notte tengo abbassata fino a metà la cerniera dell'entrata e apro completamente le due prese d'aria situate alle estremità opposte, ma non è sufficiente a evitare l'umidità. Sono problemi che avevamo esaminato a tavolino in fase di progettazione e le scelte sono state fatte con cognizione di causa; purtroppo il freddo è superiore a quello che avevamo previsto e così ogni notte mi trovo a dormire in un igloo dalle pareti ghiacciate. Mi rannicchio ancora di più nel saccoletto nel tentativo di disperdere meno calore possibile ma non riesco a addormentarmi. Provo a massaggiarmi rapidamente gambe e braccia: va un po' meglio però questo mi costringe a rimanere sveglia. Allungo la mano verso la torcia e la accendo per controllare ora e termometro: è l'una di notte e nella tenda ci sono già –7 gradi, tutto quello che tocco è di ghiaccio.

Passo la notte in una sorta di dormiveglia, sperando che il tempo passi in fretta e che la temperatura si alzi almeno un poco.

Quando il cielo comincia a schiarire, mi guardo attorno alla ricerca delle salviette igieniche, per iniziare il rito mattutino della pulizia. Anche se si riduce a pochi gesti rapidi ed essenziali, mi aiuta psicologicamente ad affrontare una nuova faticosa giornata. Cerco invano di estrarle dal loro involucro, niente da fare! Il freddo le ha trasformate in un unico blocco compatto che non riesco a usare. Non resta che aspettare il sole per scioglierle. Anche l'acqua nelle bottiglie di plastica si è trasformata in ghiaccio, non posso neppure versarla nel pentolino per prepararmi un tè. L'unico vantaggio è che bevo molto meno del previsto: riesco a mantenere il consumo entro i tre litri al giorno e di notte non mi capita quasi mai di avere sete. Mi accorgo che ogni movimento è rallentato dal freddo; è talmente intenso che sulle mani, soprattutto vicino alle unghie e nelle pieghe della pelle, ha provocato numerosi piccoli tagli dolorosissimi che incominciano a sanguinare ogni volta che tocco qualcosa. È sufficiente un movimento qualsiasi, anche solo aprire una cerniera o stringere una cinghia, per strapparmi gemiti di sofferenza. Cerco di proteggere le mani come posso e ogni sera dedico qualche minuto a spalmarle con un abbondante strato di crema. Mi impongo anche di usare i guanti, ma è difficile riuscire a osservare la regola. Smontare e montare il campo sono lavori che riesco a fare soltanto a mani nude e lo stesso discorso vale anche per le cerniere dello zaino che sono costretta ad aprire e chiudere mille volte ogni giorno.

La preoccupazione per il mancato collegamento non mi ha fatto riposare bene, ma è soprattutto la ricerca del rifornimento a dominare ogni pensiero. Calcolo di arrivarci prima di sera, sono quasi senza acqua e devo assolutamente trovarlo prima che incominci a fare buio. Continuo a consultare il GPS e a ogni sosta verifico il telefono; questa sera è indispensabile riuscire a parlare con la squadra e dare le ultime notizie: se non arrivo sul punto devo avvisarli immediatamente. Nonostante le dune mi costringano spesso a cambiare percorso, cerco di deviare il meno possibile dalla rotta e spesso, mentre cammino, allungo la mano verso il pannello solare per controllare che sia sempre diretto verso il sole. La tensione è al massimo: sono talmente concentrata che quasi non avverto la fatica e il dolore. Mi rendo conto che queste ore sono decisive, c'è in gioco la riuscita dell'impresa. Lentamente sto avvicinandomi al punto e incomincio a guardare intorno, scrutando con attenzione ogni duna, nella speranza di individuare il segnale: niente. «E se il bastone con il segnale fosse caduto?» incomincio a chiedermi mentre osservo il mare di sabbia davanti a me. «Oppure il vento ha strappato la bandiera, ormai sono passati diversi giorni da quando l'hanno messa!» So benissimo che il GPS è uno strumento satellitare molto preciso e i dati inseriti alla partenza nei due apparecchi gemelli sono identici, ma c'è sempre la possibilità di un margine di errore; nel caso non ci fosse la bandiera, è sufficiente sbagliare anche solo di qualche metro, per non trovare più il rifornimento tra le mille onde di sabbia. È tardi, il sole inizia a scendere, e continuo nel mio monotono su e giù; sono preoccupata e, nonostante abbia sete, decido di non bere, devo conservare l'ultima acqua rimasta. Vado avanti con gli occhi incollati allo schermo dell'apparecchio, mentre continuo a ripetere i dati che ormai conosco a memoria. Sono già le cinque e mezzo, l'ora della sosta notturna si sta avvicinando e la sete aumenta: «Alla disperata, stanotte lecco il ghiaccio in tenda», mi ripeto mentre vado avanti. «Già, ma come faccio a ingoiare le nove pastiglie della mia cena senza neppure un goccio d'acqua?» mi chiedo. Durante la notte, il freddo intenso brucia molte calorie e, se non riesco a nutrirmi regolarmente, il mio organismo deve faticare parecchio per difendersi dalle temperature rigide. Sono immersa nei miei pensieri, quando arrivo in cima all'ennesima duna e finalmente la vedo: è una bandiera gialla, che sventola nel mare di sabbia. Urlo per la gioia ma soprattutto per scaricare la terribile tensione accumulata nel corso delle ore e che solo adesso riesco a liberare. Il piede dolorante e lo zaino non mi impediscono di saltellare mentre ad alta voce mi complimento con me stessa: «Brava, ce l'hai fatta! Vedrai che dopo il primo trovi anche gli altri, avanti così!»

Fin dall'inizio il problema dei rifornimenti è stato il più grosso che ci siamo trovati ad affrontare nella preparazione di tutta la spedizione: mille dubbi si affacciavano continuamente alla mente e fino all'ultimo istante tutti coloro che con me avevano contribuito a organizzare l'impresa temevano che non sarei riuscita ad arrivarci con facilità; sapevamo benissimo che sarebbe bastato saltarne uno per distruggere non solo gli sforzi fatti per arrivare fin qui e il duro lavoro di due anni, ma anche il sogno di portare a termine l'impresa, per non parlare della fatica fatta dai miei compagni e dell'impegno che certamente hanno dovuto affrontare per portare l'acqua.

Finalmente posso bere: ingoio d'un fiato il liquido rimasto nella bottiglia, lasciandone però un piccolo sorso sul fondo; è un'abitudine dettata dall'esperienza di tanti anni di viaggi quella di non restare mai completamente senz'acqua. So bene che nel deserto il senso delle distanze è alterato e dal punto in cui mi trovo non riesco a valutare con precisione quanto tempo sarà necessario per arrivare al segnale.

Dopo quasi un'ora raggiungo il rifornimento. Parzialmente sepolti nella sabbia trovo i sei litri d'acqua e sorpresa! c'è anche un biglietto di Oscar, con un messaggio di incoraggiamento. Monto la tenda sotto la duna sulla quale sventola la bandiera; in questo modo consumo parte dell'acqua già questa sera e domani posso partire con un carico più leggero. Le sette sono passate da un pezzo, quando chiamo i compagni per dare la notizia: «Ho trovato il primo rifornimento!» urlo nel telefono. Dall'altra parte mi arrivano le grida di gioia di tutta la squadra, accampata a decine di chilometri di distanza.

Mastico a lungo un piccolo pezzo di carne secca, con il viso rivolto verso la luna più bella che abbia mai visto: le dune brillano illuminate dalla pallida luce, sembra di essere in una scenografia da fiaba. Mi godo questi momenti di serenità, i primi da tanto tempo a questa parte: sono felice.

Troppa fatica

«Basta, non ce la faccio più!» Lo sconforto esplode ad alta voce, mentre mi preparo ad affrontare l'ennesima duna: ma quante ne ho superate? Cento, duecento, non lo so neppure io. A ogni ostacolo la storia si ripete: salgo di slancio per non perdere il ritmo, puntando le racchette quasi con rabbia, ripetendomi che senza di loro sarebbe impossibile riuscire ad andare avanti. Le gambe sono sottoposte a uno sforzo enorme: non solo devono reggere il peso mio e quello dello zaino, ma ogni volta lottano con la sabbia per riuscire a liberare i piedi e muovere il passo successivo e tutto questo su una pendenza non indifferente. Sento bruciare i muscoli per la fatica, mentre sprofondo per l'ennesima volta; zoppico ancora parecchio e il ginocchio al quale mi appoggio per compensare l'andatura mi fa soffrire le pene dell'inferno; da qualche giorno si è anche gonfiato e nel piegare la gamba lo sento premere contro la stoffa dei pantaloni. Quando finalmente arrivo in cima alla duna, devo cercare il passaggio giusto per scendere e affrontare la successiva; il rischio è quello di sbagliare nel valutare le pendenze e la consistenza della sabbia e finire in qualche buco circondato da pendii ripidi, dove perderei tempo prezioso e un sacco di energie. La discesa, anche se più rapida della salita, è un massacro per la schiena e per le articolazioni: la sabbia arriva oltre le caviglie e tutto il corpo è teso nello sforzo di riuscire a bilanciare il peso dello zaino che cerca di buttarmi in avanti. Mi sembra di essere ferma, impegnata in una prova virtuale senza fine; non ho mai faticato tanto in nessuno dei deserti attraversati finora: quanto riuscirò a reggere? Mentre cammino penso che, stranamente, proprio durante il giorno avverto la solitudine; a volte, quando la fatica si fa insopportabile, immagino di avere qualcuno accanto con cui spartire i momenti di sofferenza, anche solo per sfogarmi un poco. So che le caratteristiche delle mie imprese non prevedono questa possibilità, però cerco di immaginare con chi potrei condividere la mia esperienza: non mi viene in mente nessuno. Non è facile raggiungere e mantenere il proprio equilibrio con accanto un'altra persona che quasi certamente soffrirebbe nella stessa misura; anziché confortarsi a vicenda, si sommerebbero le difficoltà di ciascuno con il rischio di doversi preoccupare anche dei problemi del compagno.

All'ora di pranzo come al solito mi fermo più a lungo per riposare e mandare giù le solite nove pillole più gli altri integratori; con il passare dei giorni ho imparato un nuovo trucco: quello di riuscire a ingoiarne due alla volta con un unico sorso d'acqua. Sono delle pastiglie ovali, grosse e ruvide, il sapore e l'odore sono gli stessi dei fertilizzanti per le piante; devo faticare non poco per vincere il senso di repulsione che provo ogni volta che apro il barattolo che le contiene. Mi mancano tantissimo i sapori del cibo tradizionale; quando si è impegnati in prove così estreme, a volte basta davvero poco per sostenere il morale, e il cibo di solito è uno dei momenti più appaganti. Per aiutarmi psicologicamente inizio dalle otto pillole bianche, quelle che contengono le proteine immaginando di trovarmi davanti a un piatto di carne: «Bene, ieri ho mangiato l'arrosto, oggi invece ho voglia di un bel filetto, cottura media, e patatine». Ne metto due sulla lingua cercando di non soffermarmi troppo sul sapore e subito dopo prendo una sorsata d'acqua con la quale mi sciacquo la bocca prima di ingoiarla insieme alle disgustose pillole. Non sempre però l'operazione ha successo: a volte la quantità d'acqua non è sufficiente oppure le mucose sono più asciutte del solito e allora mi succede di non riuscire a mandare giù tutto in una volta. Le pastiglie incominciano subito a sciogliersi e il sapore di concime chimico si diffonde in tutta la bocca. Nel tentativo di cancellarlo bevo subito dell'altra acqua ma il sapore ormai ha impregnato le papille gustative. Rovisto nella manciata di caramelle che tengo sempre in tasca e me ne caccio subito una in bocca. «Questo è un sorbetto», mi dico per consolarmi e intanto penso: «Non starò per caso andando fuori di testa?» Passo poi alla pillola arancione da prendere insieme alle altre più piccole, un concentrato di vitamine, e con la fantasia le trasformo in un'insalata oppure in un vassoio di frutta fresca. Per finire in bellezza, la polvere di carboidrati sciolta in acqua diventa il dessert che ogni giorno mi invento diverso. Oggi ho scelto una porzione di tiramisù: sa il cielo quanto ne avrei bisogno. Quando ho finito mi illudo di essere quasi sazia, e finalmente mi concedo un caffè: lentamente la piccola caramella, scelta con cura dal sacchetto nascosto in una tasca esterna dello zaino, rilascia il suo sapore che assaporo fino all'ultima molecola a conclusione del mio pranzo virtuale. Mi sorprendo a pensare quanto efficace e illimitata possa essere la fantasia, nell'immaginare situazioni inesistenti, al solo scopo di trovare le risorse necessarie a superare difficoltà di ogni tipo.

Finalmente stendo lo chèche sulla sabbia e mi allungo per fare riposare gambe e piedi. Con la testa appoggiata allo zaino mi concedo il grande privilegio di leggere qualche pagina del libro che ho con me. È uno dei pochi momenti davvero tranquilli della giornata e cerco di godermelo fino in fondo. Nonostante il caldo e la mancanza di un riparo dal sole, sono talmente rilassata che a tratti mi assopisco. Sono soltanto pochi minuti però riesco perfino a sognare fino a quando l'orologio interno programmato ormai inconsciamente provvede a svegliarmi puntualissimo allo scadere del tempo che ho stabilito di dedicare alla sosta. Darei qualsiasi cosa per prolungarla ancora e la tentazione di farlo è fortissima: sono sola, padrona assoluta del mio tempo e nulla mi vieta di fare quello che voglio, ma ho deciso di non accettare compromessi con me stessa. La disciplina è una regola fondamentale per il successo in qualsiasi campo, e anche nel deserto vale lo stesso principio. Per circa mezz'ora vado avanti muovendomi come un burattino che al posto di ossa e muscoli ha dei pezzi di legno; però a differenza di Pinocchio a me fanno male. Ma ecco che improvvisamente mi sblocco e riprendo il solito ritmo; mi aspettano ancora cinque ore di cammino prima di fermarmi a montare il campo, un'eternità di salite e discese. Sistemo per l'ennesima volta gli occhiali da sole sul viso e sento le labbra tendersi in un'espressione a metà strada tra un sorriso e una smorfia, poi con decisione abbasso la testa e continuo a camminare.

Disegni di sabbia

Le sette di sera, il momento magico della giornata. Seduta davanti alla tenda, mi godo gli ultimi residui di luce prima che il sole scompaia dietro le dune, preludio alle lunghe ore di gelido buio. Finalmente libero la ferita dalla massa di bende, cotone e cerotti che la ricoprono e immergo entrambi i piedi nudi nella sabbia: subito un senso di benessere incomincia a diffondersi per tutto il corpo, è fantastico sentirli affondare nel morbido elemento che li avvolge quasi a volerli proteggere in un delizioso massaggio naturale. Chiudo gli occhi per godermi fino in fondo il momento che ho sognato per tutto il giorno. Quando però controllo la piaga, vedo che stenta a rimarginarsi; purtroppo durante le ore di cammino il piede costretto nella scarpa continua a sudare e non fa che macerare sempre di più la pelle già sensibile. Mi accorgo che la scorta di cerotti si sta rapidamente esaurendo, non prevedevo certo di usarne così tanti!

Per risparmiarli, decido di utilizzare più volte lo stesso. So benissimo di violare anche le più elementari norme igieniche, con tutte le conseguenze che una simile scelta comporta e delle quali, come moglie di un medico, sono consapevole, però non ho alternative.

Uso dei cerotti particolari che si adattano al piede come fossero un nuovo strato di epidermide. A fine giornata, quando finalmente levo le protezioni, rimuovo anche il cerotto. Cerco di ripulirlo nel modo migliore dalla sabbia e dal sangue che vi restano appiccicati e lo lavo con la poca acqua che ho a disposizione prima di riporlo in un angolo della tenda avvolto dalle bende. Per tutta la notte lascio la ferita libera da ogni tipo di riparo, per farla respirare e asciugare completamente. Al mattino poi la copro di nuovo con il cerotto riciclato, sul quale metto una compressa di garza imbottita di cotone idrofilo. Per finire avvolgo intorno al piede, nel punto in cui si trova la piaga, le solite bende elastiche che servono a tenere al loro posto la medicazione e aiutano il cerotto a aderire nuovamente alla pelle per evitare che si sposti durante il cammino. Per fortuna le notevoli escursioni termiche e la quasi totale mancanza di ogni forma di vita fa sì che in alcune zone la sabbia dei deserti sia sterile e queste condizioni impediscono la formazione di batteri che potrebbero causare un'infezione.

Lascio vagare lo sguardo intorno: il panorama è limitato. Come ogni sera per ripararmi dal freddo, ho montato il campo alla base di una duna, e la vista si ferma a osservare i morbidi profili del rilievo che mi sta davanti. Mi piace guardare la sabbia, studiarne i disegni precisi ma non rigidi, le mille forme che insieme al vento riesce a inventare in spazi anche ridotti. Con sorpresa anche stavolta mi accorgo che questa sabbia è diversa da tutte le altre: ogni deserto è unico, non solo per collocazione geografica, ma anche per le caratteristiche peculiari che lo differenziano dagli altri ed è proprio la sabbia a dare a ciascuno una sua identità ben definita. Le differenze di colore e di consistenza si rivelano quando le metto a confronto. Ho l'abitudine di raccoglierne una manciata ogni volta che termino un'impresa e di portarmela a casa, per conservarla in recipienti trasparenti; è un modo per avere con me una piccola parte dei deserti che ho attraversato e spesso mi incanto a osservare quelle sabbie a lungo nei vasi di vetro schierati l'uno accanto all'altro. La sabbia del Tenéré spicca per il tono rossiccio e la consistenza simile a cipria, quella del Kalahari invece è più grossolana e tende al giallo. Anche il sale del Salar de Uyuni fa parte della collezione e risalta per il candore dei granuli irregolari. Questa del Taklimakan non è molto fine e ha un colore quasi grigio ma è luminosissima grazie alla quantità di granelli d'oro che contiene. Sono talmente numerosi che, quando la lascio scorrere tra le dita, ben presto me le ritrovo coperte da una polvere dorata che brilla agli ultimi raggi di luce: decido di ribattezzarlo 'Il deserto d'oro'.

Flussi di energia

In tanti anni di imprese nei deserti è la prima volta che mi capita di trovarmi da sola così a lungo tra dune di sabbia. Nel Tenéré dividevo le mie giornate di marcia con i tuareg e i loro cammelli, mentre in Kalahari avevo Kase con me: le caratteristiche del terreno poi, simile a una savana ricca di vita sia animale sia vegetale, non mi lasciavano tanto tempo per pensare. La solitudine totale l'avevo incontrata nel Salar de Uyuni, ma l'impresa è stata breve anche se molto intensa, e la crosta salata nulla aveva in comune con la sabbia. Ora invece sto vivendo proprio l'esperienza sognata per tanto tempo: io e il deserto di sabbia, soli l'uno con l'altro per settimane. Confesso di aver avuto un certo timore, quando, durante la fase di progettazione, mi sono resa conto che avrei vissuto per un mese completamente isolata, a parte gli sporadici incontri dei primi giorni con la gente del posto e senz'altra compagnia che quella del cielo e della sabbia. L'esperienza del Salar mi ha fatto scoprire quanto sia esaltante muovermi da sola in spazi immensi senza punti di riferimento precisi, facendo conto solamente sulle mie capacità; ho conosciuto le grandi emozioni che la solitudine sa donare, ma soprattutto ho compreso che è una situazione positiva, nulla a che vedere con il senso di abbandono che comunemente si associa alla parola: insegna a conoscersi fin nel profondo e nel mio caso ha contribuito non poco ad arricchirmi interiormente. Naturalmente tutto ciò succede se esiste una predisposizione a questo tipo di esperienza, e soprattutto se è frutto di una libera scelta; l'impresa nel Taklimakan rappresenta il desiderio di misurarsi ancora una volta con i propri limiti: «Riuscirò a reggere così a lungo, sola con me stessa? Ce la farò a mantenermi serena fino alla fine? E con il passare del tempo cosa succederà: starò sempre meglio oppure incomincerò a soffrire?» Tutti questi interrogativi si sono affacciati mille volte alla mente prima di partire, anche se sapevo benissimo che le uniche risposte precise le avrei potute trovare sul posto. Ed eccomi qui, sola ormai da nove giorni, in compagnia di un pupazzetto di peluche dal nome buffo, alla ricerca di emozioni nuove, per conoscere ancora qualcosa di più delle meravigliose e inesauribili risorse che la mente umana ci sa regalare.

Il suggerimento di un amico mi spinge per la prima volta a tentare un esperimento: nei giorni precedenti la partenza dall'Italia, avevo chiesto ad amici e conoscenti con i quali mi capitava di parlare dell'impresa di darmi una mano: come? Dedicandomi ogni giorno anche un solo minuto dei loro pensieri, sempre alla stessa ora; l'orario scelto avrebbe coinciso con quello della mia sosta al campo, le sette di sera in Cina, corrispondenti all'una del pomeriggio in Italia. Lo scopo era quello di verificare se a migliaia di chilometri di distanza sarei riuscita a ricevere la forza positiva dei messaggi che mi inviavano attraverso la mente. Per tutta la durata dell'impresa ogni sera, seduta nella sabbia prima del buio, da sola, aspetto. All'inizio non succede nulla, poi quasi all'improvviso mi accorgo che un irresistibile flusso di energie sta arrivando verso di me, come se fossi una calamita posta al centro dell'intero universo. Ogni fibra del mio corpo è pervasa da una carica positiva che si irradia ovunque fino ad arrivare alla mente; non so se davvero qualcuno mi stia pensando e chi sia, ma ogni sera avverto questa grande concentrazione di forze confluire dentro di me. È una sensazione difficile da descrivere, ai limiti del sovrannaturale; mi avvolge in un abbraccio che mi lascia un grande benessere non solo mentale ma anche fisico: non ha la capacità di cancellare stanchezza e dolore, ma riesce a stemperarli, come se la sofferenza e la fatica fossero permeate da un'aura di positività che le trasforma in eventi del tutto naturali. È la prima volta che questo succede e non so valutare se il fenomeno dipenda da una forma di autosuggestione, se sia io stessa a sprigionare tanta energia, oppure se siano davvero i pensieri degli amici che mi sono vicini con tutto il loro affetto ad arrivare fin qui: l'unica cosa certa è che arrivano.

Al rientro in Italia ho avuto la conferma che ogni giorno tanti amici si erano impegnati per aiutarmi: le ragazze del giornale avevano addirittura impostato un segnale sonoro nei computer per ricordare a tutta la redazione l'appuntamento quotidiano. Franco, il mio preparatore atletico, invece, nella palestra presso la quale mi alleno regolarmente, costringeva i malcapitati che vi si trovavano all'ora stabilita a praticare tre minuti di esercizi addominali; inoltre aveva fissato al muro un pannello con la cartina del deserto sulla quale aveva tracciato il percorso che stavo seguendo. Grazie alla disponibilità di un amico che si era offerto di mantenere i contatti dall'Italia con la mia squadra di appoggio per mezzo del computer, seguiva regolarmente il progredire dell'impresa segnando quotidianamente la posizione con una bandierina a beneficio di tutti.

Con me ogni sera nel Taklimakan ci sono tanti cari amici che mi vogliono bene e mi stanno aiutando ad andare avanti.

Festeggio una ricorrenza

Oggi è una giornata speciale: me ne ricordo subito, appena emergo dal torpore della notte, gelida e lunga come tutte le altre. Tolgo il guanto e allungo la mano ad accarezzare Goghi e il suo cucciolo, unici compagni di viaggio mentre auguro loro il buon giorno. È un rituale che si ripete fin dalla partenza: mi guardano dal loro posto, l'angolo sinistro della tenda, sistemati tra il libro e lo zaino e mi illudo che questa mattina stiano sorridendo. Resto sdraiata e con la stessa mano incomincio a rovistare nello zaino, alla ricerca della minuscola scatoletta di cartone che ho infilato all'insaputa di tutti, prima di partire. Finalmente la trovo; « Auguri Carla! » mi dico mentre incomincio ad aprirla: è il 4 novembre, giorno del mio onomastico, per la prima volta mi trovo a festeggiare una ricorrenza da sola durante un'impresa. Apro la scatoletta e ne estraggo un cioccolatino che tengo per qualche minuto in mano per ammorbidirlo, poi lo metto in bocca, lasciando che si sciolga lentamente: « Buon onomastico! » mi auguro ancora una volta e intanto assaporo quello che rimane del piccolo dolce. Ormai sono abituata a parlare da sola, il suono della mia voce è una buona compagnia anche se qualcuno dice che spesso è il primo segnale di uno squilibrio interiore. « Ma chi l'ha detto! » ripeto a me stessa, « non sono mai stata più equilibrata di così. » Spesso mi sorprendo a pormi domande di questo tipo: chi è in grado di stabilire qual è il confine tra ciò che viene considerato normale e quello che invece normale non è? Sono convinta che non esista una regola comune: come è possibile dettare dogmi validi in ogni luogo, quando i luoghi stessi sono tanti e diversi tra di loro? Le regole del deserto non valgono in città e viceversa. Ogni situazione va affrontata in modo autonomo, se desidero esprimermi ad alta voce non è giusto che mi ponga dei limiti decisi da altri: provate a fare quello che sto facendo io e vi convincerete che ho ragione.

Affronto la lunga giornata di cammino che mi aspetta

con un certo entusiasmo: «Sarà stato il cioccolatino», scherzo. Quasi con stupore mi rendo conto che è il decimo giorno nel Taklimakan e nonostante tutto continuo ad andare avanti: penso che sarà un bellissimo onomastico. A ogni passo scopro di avere nuove energie: anche se continuo a soffrire per i soliti problemi mi accorgo che ormai riesco a controllare più facilmente il dolore. Già da qualche giorno sono entrata nella fase più importante del mio percorso, quella del non ritorno; sono consapevole che, se dovesse succedermi qualcosa, non ho molte possibilità di venirne fuori indenne: mi avvicino sempre più al cuore del deserto, a ogni passo mi allontano dal resto del mondo e dai miei compagni, per addentrarmi dove nessuno è mai passato. Man mano che vado avanti, so che i tempi di un eventuale soccorso si allungano sempre più; ne prendo atto con serenità, non permetto al pensiero negativo di insinuarsi nella mente e preferisco rivolgere altrove la mia attenzione. Il fascino del Taklimakan sta prendendo il sopravvento su ogni altra emozione: è talmente forte che a tratti sento addirittura mancarmi il fiato; non lotto più con la sabbia ma ogni passo è come una carezza del deserto che mi dà i brividi, mai sazia del meraviglioso alternarsi di dune, sempre così diverse l'una dall'altra. Ho voglia di cantare, di gridare la mia gioia, ma temo di disturbare il meraviglioso equilibrio di cui sono parte; mi accorgo che il gigante non vuole farmi del male ma non sta neanche illudendomi: forse mi ha accettata. Mi muovo come se fossi entrata in un'altra dimensione che solo a me è dato conoscere, sto fluttuando senza peso tra cielo e dune, sento di appartenere completamente al deserto: sono diventata sabbia. La scoperta mi esalta a tal punto da provare quasi un senso di vertigine: «Ma come è possibile che proprio io possa avere questo privilegio?» mi domando spaventata da tanta grandezza. Ruoto su me stessa, lasciando che gli occhi vaghino nello spazio infinito che mi circonda e ad alta voce lo ringrazio.

La sera sistemo la tenda in una piccola valletta circondata da dune coperte da milioni di granelli d'oro, che la luna piena riesce a far brillare anche nel buio. Ho appena parlato con Oscar e Daniele: oltre ai loro auguri mi hanno trasmesso anche quelli arrivati dall'Italia grazie alla posta elettronica e all'instancabile lavoro di Daniela Longo, che si occupa in prima persona di mantenere i collegamenti con amici e familiari. Ascolto emozionata il lungo elenco di nomi, ci sono proprio tutti, compresi Max e i miei genitori. Mentre assaporo il secondo e ultimo cioccolatino della mia scorta segreta, penso a quanto sono fortunata: è stato davvero un bellissimo onomastico.

Qualcosa sta cambiando

All'inizio è poco più che una sensazione: me ne accorgo all'ultimo rifornimento. Apparentemente tutto è come al solito, vado avanti con il solito ritmo, più tranquilla dei giorni scorsi per essere riuscita a individuare senza problemi tutti i punti d'acqua, quando sento che il deserto sta cambiando. Ne ho la conferma durante la sosta a metà giornata, quando noto che in alcuni punti la sabbia sembra quasi sporca; mi avvicino per osservare meglio e con una certa difficoltà riesco a distinguere dei minuscoli frammenti legnosi raccolti sul fondo di piccole cavità. Poco più avanti, al riparo di una duna in un buco del terreno, una manciata di bianchi batuffoli di polline rotola leggera da una parete all'altra senza riuscire a sollevarsi nel pochissimo vento caldo: sono le prime tracce di vita dopo giorni e giorni di nulla assoluto. Tra poco dovrò riprendere la rotta verso nord e noto che anche le dune che si stendono davanti a me fino all'orizzonte sono diverse: man mano che procedo le vedo allungarsi e diventare più basse, quasi regolari; consulto il mio GPS anche se conosco già la risposta: dopo oltre duecentocinquanta chilometri, sto uscendo dalla zona più difficile e pericolosa del Taklimakan, quella delle grandi dune. Non sono neppure a metà strada, però mi sembra di aver trascorso gran parte della vita in questo deserto, tanto ho imparato a conoscerlo e amarlo, e la consapevolezza del mutamento sempre più evidente mi coglie impreparata. Vorrei fermare il tempo, il solo pensiero di allontanarmi dalle grandi dune mi fa soffrire: mi rendo conto che difficilmente avrò la possibilità di provare ancora emozioni tanto forti. Il deserto non è finito, ho ancora centinaia di chilometri da percorrere prima di arrivare alla fine e devo affrontare la parte più tecnica dell'impresa, dove saranno le decisioni che dovrò prendere ogni giorno a fare la differenza tra successo e fallimento, ma è il cuore del Taklimakan quello che mi preparo a lasciare e mi dispiace. Nell'illusione di immortalare gli ultimi momenti magici scatto una quantità di foto e giro immagini su immagini, ma la pellicola non potrà mai catturare quello che sto provando: mi chino a raccogliere un po' di sabbia per portarla a casa e la metto in un sacchettino di plastica tenuto da parte per l'occasione; anche se lo zaino sarà più pesante non importa: è questo il deserto che voglio ricordare e un poco del suo cuore resterà sempre con me.

È l'ultimo campo tra le grandi dune: quando chiamo i miei compagni, li ringrazio ancora una volta per l'eccezionale lavoro fatto nel piazzare i rifornimenti; sono stati bravissimi a calcolare le distanze tra l'uno e l'altro con tanta precisione, ed è anche grazie a loro che ho potuto arrivare fin qui. Oscar, come sempre, riesce a cogliere la tristezza nella mia voce: «Cosa succede?» chiede preoccupato. «Niente di nuovo», rispondo, «mi dispiace solo lasciare le grandi dune.» «E non sei contenta? Ce l'hai fatta, finalmente ne vieni fuori!» «Sì, ne vengo fuori», concludo. Come posso spiegare in poche parole quello che è successo in questi giorni, cosa sono diventata, come il deserto ha saputo trasformarmi? Non ci riuscirei mai. Ecco perché queste imprese non devono venire condivise con altri, la magia di certi momenti andrebbe perduta. E sarebbe una grande perdita.

Il Mazar Tagh

Ormai ho ricominciato a camminare in direzione nord, e all'orizzonte, nel punto in cui la sabbia incontra il cielo, incomincio a distinguere il massiccio del Mazar Tagh. È l'unico rilievo della zona che si innalza per circa trecentocinquanta metri a tagliare in due parti il deserto. Il nome in lingua locale significa 'Grande montagna' e, anche se non particolarmente imponente, è sufficiente a contrastare i venti freddi che provengono dalle steppe della Mongolia più a nord. Alcuni alberelli secchi, dal tronco sbiancato dal sole e dal vento, allungano i pochi rami non ancora spezzati verso la sabbia, via via che mi avvicino alla montagna. L'ultima luce del giorno la illumina, colorandola in tonalità che vanno dal rosso mattone al verde pallido; è di forma tozza, dalla cima piuttosto piatta, senza dubbio suggestiva ma non particolarmente affascinante. Ormai le ultime dune cedono il posto a un terreno regolare, meno accidentato, che a ogni passo diviene più pianeggiante. Decido di montare la tenda alla base del massiccio, nella depressione che lo delimita nel lato a sud, dove qualche cespuglio arido fa pensare alla presenza d'acqua; ne ho ancora a sufficienza, residuo dell'ultimo rifornimento, e per questa sera può bastare: rimando a domani la ricerca delle pozzanghere. Prima che faccia buio, mi arrampico per un breve tratto sulla montagna, per godermi dall'alto lo spettacolo delle dune e subito un vento gelido mi investe facendomi rabbrividire sotto la tuta in pile: è un anticipo di quello che mi aspetta nei prossimi giorni.

In base ai rilevamenti, ho percorso duecentosettanta chilometri; ne mancano poco meno di trecento alla fine, sempre che riesca a seguire una rotta abbastanza lineare. Ho impiegato dodici giorni per arrivare fin qui, e spero che il terreno più regolare mi permetta di aumentare la media e ridurre i tempi previsti, anche se tutto dipende, come sempre, dalle difficoltà che dovrò superare per trovare l'acqua. Da domani le regole cambiano ancora, mi auguro che non siano troppo severe. So bene che fino all'ultimo giorno può capitare di dovere fare i conti con ogni genere di imprevisto e sono preparata ad affrontarlo, purché sia in grado di mantenere il controllo senza andare oltre i miei limiti. Cosa avrà ancora in serbo il Taklimakan? Speriamo che il prezzo da pagare per i meravigliosi regali che mi ha donato non sia troppo alto. Non posso fare altro che attendere.

Ritrovo l'acqua

Come al solito ho passato la notte nel mio igloo di ghiaccio. Appena sveglia, prima di legare la cinghia del cardiofrequenzimetro al torace, la infilo alcuni minuti tra le cosce per riscaldarla un poco: mi auguro che il freddo non provochi danni ai sensori! Anche gli orologi sono gelidi, come tutto quello che non trova posto nel sacco a pelo. Dormo quasi abbracciata al mio GPS, ma non posso certo fare lo stesso con il telefono; nonostante riposi nella sua fodera imbottita, quando lo tocco sento che la superficie è ghiacciata: «Mio Dio, speriamo bene», mormoro. Ormai ho rinunciato a usare le salviette igieniche al mattino: solo verso le undici, quando finalmente si sciolgono del tutto, riesco a estrarle dal loro contenitore. Lo stesso vale per l'acqua: per riuscire ad averne almeno un poco per prepararmi un tè bollente, ho imparato a tenere una bottiglia tra i vestiti avvolti nello chèche che uso come cuscino; in questo modo riesco a evitare che geli del tutto e posso metterne una certa quantità nel pentolino anche se l'aspetto è simile a quello di una granita. I tagli nelle mani non accennano a guarire, anzi peggiorano sempre più: è sufficiente il contatto con qualsiasi superficie per farli aprire e ogni volta riprendono a sanguinare. È un sollievo quando, dopo aver finito di smontare il campo e aver riposto anche il telefono nello zaino, posso finalmente infilare i guanti. Parto ben coperta; nonostante siano quasi le dieci del mattino, la temperatura è ancora sotto zero e sono costretta a tenere addosso il pile. Ormai le dune sono un ricordo: il terreno è sabbioso ma appena ondulato, più compatto che nel tratto iniziale. Mi accorgo di essere vicina all'alveo del fiume Hotan quando supero una collinetta e distinguo le sponde, segnate da un gradino di sabbia alto poco meno di un metro. «Ci siamo», mi complimento con me stessa, non speravo di arrivare subito così vicino. Incomincio a guardare intorno, per capire dove può essere l'acqua, ma non riesco a distinguere alcuna pozzanghera; mi avvicino al bordo sul lato a est però trovo solo delle buche piene di sabbia. È molto diverso dall'alveo del fiume Keriya che ho seguito nella prima parte del percorso, devo ancora una volta imparare a conoscere il deserto. Per un po' continuo tenendomi sulla destra, ma ben presto mi rendo conto che sto perdendo tempo, meglio provare a spostarsi sul lato opposto, anche se per arrivarci sono costretta a tagliare diagonalmente la traccia del fiume, e devo camminare di più; non ho scelta, è l'unica cosa da fare per trovare l'acqua, sperando che non sia già tutta evaporata! Grazie al freddo bevo sempre meno e il consumo è sceso a meno di due litri nel giro di un solo giorno.

Solo nelle prime ore del pomeriggio finalmente arrivo a una pozzanghera; la buca è piuttosto profonda e contiene pochissima acqua che per fortuna non è salata. Levo lo zaino e mi lascio scivolare sul fondo con bottiglie, pentolino e imbuto. Ma quando l'assaggio sento un fortissimo sapore di terra che per un attimo mi dà il voltastomaco: è una sensazione sgradevole che devo riuscire a controllare. Ho solo questa acqua a disposizione e non posso fare altro che ringraziare il cielo per averla trovata: l'unica soluzione per cercare di correggerne il sapore almeno in parte è mischiarla con una buona dose di integratori salini all'aroma di frutta. Il risultato non è molto entusiasmante: quando la provo sa sempre di terra, ma almeno è più dolce. Mentre riempio le bottiglie di plastica trasparente, lo sguardo cade sul liquido che sto travasando: è di un colore beige, denso, torbido e pieno di sospensione; sicuramente non è inquinato, però l'aspetto è tutt'altro che gradevole e d'istinto raddoppio la dose di disinfettante. Decido di caricare tutta l'acqua che riesco a trasportare e subito lo zaino ritorna pesante, ma non ho scelta: almeno fino a quando non sono sicura di trovare acqua regolarmente, preferisco camminare con un grosso peso piuttosto che rischiare di perdere ore e ore vagando da una sponda all'altra per cercare ogni volta nuove pozze.

La scoperta dell'acqua rigenera le energie; riprendo a camminare animata da una forza nuova. Fino a dove arriva lo sguardo, il paesaggio è monotono e uniforme nella sua ripetitività, niente a che vedere con l'incanto delle dune lasciate da poco, ma il deserto è anche questo: un alternarsi di spettacoli esaltanti e di panorami noiosi apparentemente incapaci di suscitare forti emozioni in chi non sa riconoscerne le sfumature più remote.

Il grande freddo

Mi stupisce la rapidità con la quale si succedono i giorni. Il mese di novembre è già arrivato senza che quasi me ne sia resa conto; solo il freddo che continua ad aumentare mi ricorda che il rigido inverno cinese sta avvicinandosi. Ogni notte devo affrontare una battaglia estenuante per difendermi con tutto i mezzi di cui dispongo dalle temperature sempre più basse. Ormai il termometro si è stabilizzato intorno ai –12 gradi nelle ore che precedono l'alba e il gelo penetra ogni centimetro del mio corpo senza pietà. Trascorro ore interminabili scossa da brividi che non mi lasciano dormire e occupo il tempo disegnando ghirigori nel ghiaccio che ricopre le pareti interne della piccola tenda, con la mano coperta dal guanto, mentre i pensieri vagano per conto loro senza seguire alcun filo logico. Ogni mattina, il sorgere del sole mi riporta alla vita, facendomi uscire da questa specie di limbo nel quale ho imparato a rifugiarmi per riuscire a superare infinite ore senza storia.

Sto rannicchiata su me stessa nel lenzuolo di seta leggerissimo infilato nel sacco piuma – la stessa posizione che assumono gli animali per difendersi dal freddo – vestita con tutto quello che ho, compreso il piumino e un passamontagna di pile che lascia scoperte solo le fessure per occhi e bocca. Su tutto stendo un telo di alluminio sottile per isolarmi ancora di più dal gelo: mi sembra di essere una caramella avvolta nella sua carta stagnola che scricchiola a ogni movimento. Al mattino, per effetto della condensa che si forma con il calore emesso dal corpo, tutto è fradicio e devo aspettare che il sole diventi abbastanza caldo per fare asciugare il materiale prima di riporlo nello zaino. Non posso però attendere per ore che la tenda e il sacco piuma si asciughino completamente, così alla sera quasi sempre li ritrovo ancora umidi.

Le pozze sono scarse e, quando mi capita di trovarne una durante le prime ore di marcia al mattino, quasi sempre la superficie è ricoperta da uno strato di ghiaccio che devo rompere.

Come ho imparato, quando posso cerco di accamparmi in prossimità delle pozzanghere: anche se il terreno è più umido, sfrutto il vantaggio di avere l'acqua a portata di mano e in questo caso ne approfitto per lavarmi un poco e fare un piccolo bucato prima che scenda la notte. Al mattino quando vado a riprendere la poca biancheria stesa su un cespuglio vicino la trovo irrigidita dal gelo. La raccolgo cercando di farle riprendere la forma originale e, mentre cerco di piegarla, scricchiola tra le mani come se stesse per spezzarsi; non mi resta che appenderla fuori dallo zaino infilandola nelle cinghie esterne, per farla asciugare durante il cammino.

Nomade

Temevo che un periodo di solitudine così lungo mi avrebbe procurato dei problemi e invece mi accorgo che non è così:

al contrario, più passano i giorni e meglio mi adatto alla condizione di vagabonda. Provo un piacere immenso all'idea di porre il campo ogni sera in un luogo nuovo senza sentirmi legata a nessun posto in particolare, godo nel muovermi libera in spazi aperti senza confini, padrona di ogni attimo del mio tempo, nonostante mi imponga di rispettare con grande rigore i ritmi di marcia. Il rapporto con l'ambiente si rafforza sempre più e ogni giorno che passa imparo qualcosa di nuovo, in una scoperta che si rinnova di continuo. Non esistono certezze, qualsiasi tecnica di sopravvivenza è utile per riuscire a superare le difficoltà quotidiane e spesso è necessario reinventarsi tutto per poter continuare. Nonostante la fatica, mi sento in forma e la mente vaga soffermandosi solo su pensieri positivi, che mi portano a una condizione di grande benessere mentale. Lentamente, ora dopo ora, acquisisco la consapevolezza di essere diventata davvero una nomade.

Mi aspettano ancora circa duecento chilometri di cammino, senza neppure il conforto di un ambiente spettacolare. Il letto del fiume Hotan è quanto di più monotono si possa immaginare; inoltre il terreno è infido e difficile. Tratti sabbiosi si alternano a passaggi di fango secco modellato in piccoli contrafforti durissimi che a ogni passo piegano la suola leggera delle scarpe cinesi premendo dolorosamente contro le piante dei piedi. A volte invece mi trovo a camminare in una fanghiglia molle, che riesco a distinguere solo all'ultimo momento e che si attacca alle scarpe bloccandomi pericolosamente i piedi. Spesso nel centro dell'alveo quasi d'improvviso mi imbatto in zone di fango più scuro e definito che formano disegni bellissimi, tondi, lisci e regolari, con toni che vanno dal grigio ferro all'azzurro polvere, ma nascondono un'insidia: sono viscide come sapone. È difficilissimo riuscire a camminarvi sopra e a ogni passo rischio uno scivolone, reso ancor più pericoloso dal peso che porto sulle spalle. Non sempre riesco a evitarle e allora sono costretta ad avanzare molto lentamente, saggiando di continuo con le racchette la consistenza del terreno.

Nel superare l'ostacolo di un piccolo gradino naturale finisco in mezzo a una di queste zone senza accorgermene. Il dislivello mi coglie impreparata e l'attimo di incertezza mi fa perdere l'equilibrio. Cerco di sostenermi con le racchette ma le gambe vanno per conto proprio e scivolano in spaccata; nel tentativo di controllare la caduta piego un ginocchio e in un attimo mi ritrovo nel fango, schiacciata sotto il peso dello zaino e con gli arti inferiori girati in modo innaturale. Sento bruciare i muscoli, tesi come elastici sul punto di rompersi. Riesco a ruotare il bacino e mi lascio cadere seduta a terra; in questo modo libero le gambe dalla posizione scomoda e intanto penso: «Come accidenti riuscirò ad alzarmi da qui?» Per fortuna il terreno è poco cedevole e ha una discreta consistenza, però è molto viscido e non offre una buona presa. A fatica compio mezzo giro su me stessa e mi metto carponi, poi impugno con forza entrambe le racchette e, pregando che reggano allo sforzo, le punto a terra cercando di sfruttare i piccoli avvallamenti nel terreno. Ne saggio la tenuta prima di tentare la spinta verso l'alto. Lo sforzo è terribile ma finalmente al terzo tentativo riesco a rimettermi in piedi. Non oso quasi muovermi per paura di cadere un'altra volta e mentre riprendo fiato lentamente, passo dopo passo, mi porto fuori dalla zona pericolosa. Incomincio ad avvertire le conseguenze della caduta: il fianco sul quale sono crollata con tutto il peso è ammaccato e anche i muscoli delle gambe sono indolenziti per la tensione innaturale che hanno dovuto subire; il ginocchio, già infiammato dallo sforzo dei giorni scorsi, per effetto dell'impatto sul terreno incomincia a pulsare e sento un fastidioso calore diffondersi nell'articolazione, mentre la pelle si tende dolorosamente per il gonfiore che sta rapidamente aumentando. Appena trovo un dosso sabbioso, ne approfitto per appoggiarvi lo zaino e sfilarmelo dalle spalle; tutta la parte inferiore e le cinghie sono impastate di fanghiglia viscida, ma la preoccupazione maggiore è per il materiale. Per fortuna il materassino legato esternamente sotto lo zaino avvolge anche il cavalletto, che in questo modo non è stato danneggiato. Svuoto lo scomparto inferiore ed esamino ogni oggetto con attenzione: sembra tutto a posto. Il materiale fotografico, il GPS e il telefono sono rinchiusi nella parte superiore e il contraccolpo non ha provocato danni; solo il pentolino si è ammaccato, ma tutto sommato poteva andare ben peggio: «Speriamo che si asciughino almeno i pantaloni!» penso mentre riprendo a camminare zoppicante, con il posteriore bagnato e appesantito dal fango. La prospettiva è di cambiarli con quelli che ho usato durante la prima metà del viaggio, oppure continuare con questi, cercando di ripulirli al meglio. Nell'insieme sono stata fortunata: essere nomade vuol dire anche questo essere capaci di gestire le situazioni più imprevedibili e saper accettare con filosofia gli inevitabili disagi connessi.

Una forte emozione

Le pozze d'acqua si fanno sempre più rare; non capisco come mai la parte centrale dell'alveo sia quella dove sono più evidenti le tracce di umidità, come indica la presenza di fango mentre, per trovare l'acqua, sono costretta a spostarmi ogni volta sui bordi del fiume asciutto, allungando spesso di molto il percorso.

Ho notato che sempre più spesso mi capita di trovare per terra dei pezzi di legna secca semisepolti nella sabbia, forse trasportati dal fiume durante la sua breve vita; quando mi fermo per la notte, decido di raccoglierne qualcuno per accendere un fuoco e, dopo aver montato la tenda, incomincia un estenuante andirivieni. Sono sparsi un po' ovunque, spesso lontani l'uno dall'altro, e impiego parecchio tempo per riuscire a metterne insieme una certa quantità. Quando finalmente il mucchio di legna è pronto devo affrontare il problema di accenderlo: lottando contro il leggero vento che soffia costante anche di sera, mi spello letteralmente le dita con l'accendino senza venirne a capo; alla fine decido di usare il fornello a gas con l'accensione piezoelettrica, per incendiare di volta in volta dei piccoli rametti che serviranno da fiammiferi. Finalmente le fiamme incominciano a levarsi scoppiettando; come succede ogni volta mi incanto a osservarle, affascinata: allungo i piedi nudi verso il fuoco e godo del tepore che arriva a riscaldare anche le gambe. Alla luce del falò leggo per l'ennesima volta la lettera che un amico mi ha consegnato prima di partire; è ormai una tradizione nata con la prima impresa e che si ripete ogni volta. Sono frasi di incoraggiamento che Paolo esprime con lo stesso entusiasmo di sempre e che mi aiutano a riempire i lunghi spazi di solitudine. Dalla stessa busta levo la fotografia di mio figlio e la guardo a lungo; prima di riporla lo saluto con un bacio.

Man mano che passano i giorni, anche le temperature diurne scendono. Dai +35 gradi in mezzo alle dune adesso arrivano a malapena a +15 gradi e durante le soste sono costretta a indossare il gilet di pile per evitare che il sudore mi si raffreddi sulla pelle.

Cerco quasi sempre di piazzare il campo sui bordi sabbiosi, ma a volte la notte mi sorprende nel centro del letto del fiume, dove il terreno conserva ancora umidità e al mattino mi ritrovo con il fondo della tenda, il materassino e il sacco a pelo bagnati e le ossa a pezzi. Anche questa sera, come tutte le altre, parlo al telefono con la squadra. Alla fine della chiacchierata, che ha per argomento i soliti dati sui rilevamenti di posizione, le informazioni sull'acqua e le condizioni di salute, quando termino il collegamento, a un tratto un pensiero si insinua prepotente: controllo la carica del telefono e vedo che la batteria non è ancora esaurita. Senza neppure riflettere compongo un numero di telefono mentre il cuore pulsa talmente forte da mozzarmi il respiro: «Non starò facendo una sciocchezza?» mi chiedo mentre aspetto il segnale di chiamata. Sono combattuta tra il timore che qualcuno risponda e il desiderio di interrompere la linea.

Sto quasi per riappendere, quando dall'altra parte mi arriva nitido un «Pronto» che conosco bene. È la voce di Max che rimbalza per migliaia di chilometri fino a raggiungermi in mezzo al deserto. «Sono la mamma!» urlo nella cornetta. Dalla lunga pausa che sento, riesco a immaginare la sorpresa, poi avverto la sua gioia mentre incomincia a fare mille domande; parliamo per pochissimi minuti, la carica sta esaurendosi rapidamente; mi racconta dei suoi successi sportivi poi conclude: «Tieni duro mamma, vedrai che ne vieni fuori, sei troppo forte!» È sereno, felicissimo di sentirmi. Quando il collegamento termina, mi accorgo di stringere il telefono con tanta forza che le nocche della mano sono diventate bianche e, nonostante il freddo, sento il viso in fiamme. È la prima volta che parlo con mio figlio durante un'impresa e per un attimo ho temuto che sentirne la voce avrebbe in qualche modo potuto alterare il fragile equilibrio che ho raggiunto: ho lasciato che l'istinto prendesse il sopravvento sulla ragione e non ho sbagliato. La gioia che ho percepito attraverso le sue parole mi ha reso più serena e determinata ad andare avanti.

Cambiamenti

Già da qualche giorno mi sono accorta che il colore del cielo sta cambiando. L'azzurro intenso che mi ha accompagnato fin qui, simile a quello dello smalto usato per certi gioielli antichi, è ormai un ricordo; lentamente, giorno dopo giorno, sbiadisce, per assumere una tonalità sempre più pallida molto vicina a quella di tante giornate milanesi. Oggi in particolare diventa quasi lattiginosa e il motivo è presto evidente: si sta alzando il vento. Non si tratta del solito vento costante ma leggero del deserto, che smuove con lentezza la sabbia, rimodellando ogni volta le dune; questa volta è diverso, e purtroppo so bene di cosa si tratta: il ricordo della tempesta di sabbia nel Sahara si affaccia nitido alla mente. Per fortuna il terreno in questa parte del percorso è abbastanza compatto e le zone di fango ancora umido impediscono alla sabbia di alzarsi troppo, ma sui bordi del fiume, dove restano ancora delle dune basse, il vento solleva turbini di polvere che arrivano a coprire il sole. La temperatura sembra scendere ancora, e mi costringo a camminare a testa bassa nell'illusione di sentire meno freddo. I guanti ormai strappati dopo giorni e giorni di lavoro non riescono a proteggere le mani che ben presto si irrigidiscono sull'impugnatura delle racchette. A tratti durante il cammino le infilo sotto le ascelle per scaldarmi un poco, ma il terreno sempre irregolare non permette troppe distrazioni. Nonostante sia ben coperta il gelo penetra nelle ossa e gli occhi incominciano a lacrimare: e pensare che ho scelto i deserti perché amo il caldo! Continuo come un automa, accelerando di tanto in tanto il passo per aumentare il ritmo circolatorio, ma ho difficoltà a difendermi dal freddo che mi intorpidisce i muscoli. Penso con angoscia alla notte che mi aspetta; in realtà il termometro è sceso solo di qualche grado rispetto alle solite temperature ma il vento gelato che si insinua ovunque accentua ancora di più il freddo. Un pensiero mi colpisce all'improvviso: «Il pannello solare riuscirà a caricare lo stesso il telefono?» Non posso fare altro che aspettare fino a questa sera: è meglio lasciare l'apparecchio nella sua custodia e controllarlo solo quando sarò al riparo della tenda. La risposta arriva quando mi fermo per la notte: il sole velato dalla sabbia non è stato sufficiente a rigenerare la batteria e per la seconda volta sono costretta a saltare il collegamento con i miei compagni. Spero tanto che si rendano conto del problema, ma la preoccupazione maggiore è che lo stesso inconveniente si ripeta anche nei prossimi giorni. Trascorro un notte agitata, il freddo intenso unito al rumore del vento accompagnano i miei pensieri; spesso esco dalla tenda per controllare i picchetti. Decido che se il vento aumenta, piuttosto che rischiare di danneggiare la tenda, smonto il campo e incomincio a camminare al buio. So perfettamente che non è sicuro muoversi di notte su questo terreno visti i cambiamenti continui e improvvisi tra fango e sabbia, però se le condizioni peggiorano è meglio andare avanti anche se di poco piuttosto che danneggiare l'unico rifugio di cui dispongo. Camminando poi riuscirei anche a riscaldare i muscoli e a sopportare meglio il freddo. Scruto in continuazione l'orologio, le ore scorrono lente, sembrano anni: finalmente il vento cala un poco, anche se la piccola tendina continua a gemere a ogni raffica. Stringo tra le mani il mio portafortuna con l'illusione che mi dia il coraggio di superare questa notte infinita, e lentamente scivolo nell'oblio. Al risveglio, mi ritrovo ancora tra le dita il pupazzetto, fuori dalla tenda un'alba pallida e gelida che mi aspetta.

Si avvicina la fine

Me ne accorgo quasi all'improvviso. Fino a questo momento non ci ho mai pensato, o forse ho evitato di proposito di soffermarmici con il pensiero, ma oggi succede. Dapprima provo un senso di sgomento, poi una serie di emozioni contrastanti incominciano ad affacciarsi alla mente, infine mi prende una grande tristezza. Sono costretta ad affrontare la realtà, e il farlo mi costa fatica, non mi piace per niente: sto avvicinandomi al termine dell'impresa.

Restano da percorrere ancora alcune decine di chilometri, prima di ricongiungermi con Oscar e il resto della squadra, ma tanti piccoli segnali indicano che la fine è ormai prossima: gran parte delle scorte sta esaurendosi. Le batterie per la pila sono quasi finite, anche la bomboletta a gas del fornello in titanio è agli sgoccioli e la riserva di cibo è sempre più scarsa. La videocamera ormai ha quasi terminato il suo lavoro; non c'è molto da riprendere e le batterie sono quasi del tutto scariche. Avevo previsto di compiere la traversata in un mese e invece mi rendo conto di essere in anticipo sulla tabella di marcia: nonostante il problema al piede ho mantenuto una buona media, anche se avverto molto la stanchezza alle gambe; soprattutto il ginocchio destro è infiammato a causa dell'andatura claudicante e i tendini delle caviglie risentono dello sforzo sul terreno irregolare. Sono combattuta tra il desiderio di arrivare, e il dispiacere di lasciare un deserto che ormai ho imparato ad amare.

Sto camminando con lo sguardo a terra, come faccio di solito, quando sento qualcosa che si muove poco sopra di me. Alzo gli occhi e vedo un uccello che non riesco a classificare, grosso circa come una colomba; mi sta sopra, sospeso a mezz'aria a cinque o sei metri dalla mia testa, incuriosito dallo strano essere sconosciuto che vede camminare sotto di sé: accelero l'andatura e lui fa lo stesso, mantenendo la stessa quota, allora provo a rallentare fino a fermarmi e anche l'animale si blocca, continuando a sbattere le ali per mantenere la posizione. Per qualche minuto andiamo avanti così insieme, poi senza motivo lancia un grido e dopo una breve scivolata d'ala, quasi come se volesse salutarmi, se ne va. È il primo essere vivente che incontro dopo tanti giorni di solitudine: lo interpreto come un segnale di buon auspicio.

L'alveo del fiume si allarga sempre più: quando mi avvicino a uno dei bordi per cercare l'acqua, spesso fatico a distinguere la sponda opposta. Aumentano le macchie di cespugli secchi e qualche raro alberello qua e là delinea il percorso del fiume fantasma.

Il momento del distacco dal Taklimakan si avvicina inesorabile.

Un regalo inatteso

Questa sera mi aspetta una bella sorpresa. Durante il collegamento telefonico, dopo il consueto scambio di dati tecnici, Oscar mi dà la notizia: stento quasi a crederci quando mi comunica che dall'Italia sono partite le mie care amiche Enrica, Graziella e Giusy che hanno deciso di venire apposta in Cina per accogliermi all'arrivo. Vengo a sapere che anche i responsabili della Sector cinese e quelli di Sector Italia si stanno organizzando per raggiungere il campo base che Oscar, Jin e Daniele hanno predisposto nei pressi di Luo Tang, il luogo dove avrà termine l'impresa; insieme a loro arriveranno anche alcuni giornalisti cinesi e gli operatori della televisione di Pechino; pare che la notizia della traversata si sia ormai diffusa e gli organi di comunicazione cinesi sono impazienti di conoscere la donna che per prima ha deciso di affrontare il Taklimakan. Sapere che tante persone stanno preparandosi ad accogliermi mi fa un grande piacere, però sono anche preoccupata: come sempre, per scaramanzia, fino all'ultimo momento non do per scontato il successo; se un banale incidente dovesse compromettere l'impresa anche all'ultimo istante, proverei un grande dispiacere per chi si sta preparando a festeggiarmi. La grande responsabilità che provo nei loro confronti, se da una parte può essere motivo di preoccupazione, dall'altra invece mi stimola ad aumentare ancora di più la concentrazione nella fase finale. Basandomi sull'esperienza fatta da altre persone, ho notato che la soglia di attenzione tende ad abbassarsi man mano che ci si avvicina al termine di un'impresa: è un momento molto particolare che non va assolutamente sottovalutato e che può far aumentare notevolmente il rischio di mancare l'obiettivo. Immagino che Oscar abbia considerato a lungo l'opportunità di comunicarmi o no la presenza di amici e conoscenti; se ha deciso di farmelo sapere, ha senza dubbio valutato la mia reazione: sa che la notizia mi avrebbe stimolata ancora di più a non perdere la concentrazione fino all'ultimo. Gliene sono davvero grata.

L'addio al deserto

L'ultima sera mi trova ancora impreparata al distacco. Dopo il solito brodino piccante, mi sdraio sul materassino fuori dalla tenda, con il viso rivolto verso il cielo stellato e incomincio a ricordare i momenti più significativi dell'impresa. Nella mente scorrono le immagini nitide e precise, mentre il pensiero vaga alla ricerca delle emozioni più profonde. Ogni attimo trascorso nel deserto rivive come per incanto, si ripropone arricchito dai suoni, dai colori, addirittura dagli odori che lo caratterizzano. Felicità e sofferenza si alternano nella mente a ricomporre il mosaico di un'esperienza indimenticabile.

Cerco di resistere al freddo e penso a mille cose: come sarà il ritrovarmi fra tante persone dopo giorni e giorni di solitudine? Riuscirò a raggiungere l'equilibrio necessario per ritornare a una vita più sedentaria, a osservare le comuni regole di convivenza sociale senza soffrire troppo? E gli altri come mi vedranno? La mia famiglia si troverà davanti a una Carla diversa rispetto a quella che li ha lasciati più di un mese fa; ogni esperienza precedente nei deserti ha portato cambiamenti importanti nel mio intimo, ma sento che questa volta è successo qualcosa di più; il Taklimakan mi ha fatto scoprire di cosa ho davvero bisogno per essere serena e in pace con me stessa: sentirmi libera. I miei cari saranno in grado di capirmi, di aiutarmi a ritrovare quella parte di me che le settimane trascorse nel deserto mi hanno fatto dimenticare? Immagino gli inevitabili momenti di emozione e quelli di gioia autentica, ma soprattutto penso a quanto mi ha insegnato di nuovo questa esperienza. Ancora una volta mi sono spinta in avanti, alla ricerca dei miei limiti interiori, ma non li ho ancora trovati: continuano a spostarsi anche loro: chissà se sarà mai concesso a noi piccoli esseri umani di scoprire se esistono e quali sono e se saremo in grado un giorno di riconoscerli?

Al mattino smonto per l'ultima volta la mia piccola tenda compagna di questa grande avventura e come sempre lego allo zaino il pupazzetto portafortuna che mi ha fatto sentire meno sola nelle lunghe notti di veglia. Cerco la scatoletta di cartone che conteneva i cioccolatini nella tasca in cui l'ho conservata per tutto il viaggio. È un po' ammaccata ma graziosa, nella sua fodera di tessuto color amaranto. Dal taccuino che uso come diario, tolgo una pagina e incomincio a scrivere; le parole sgorgano spontanee: è un messaggio d'amore destinato al Taklimakan. Lo ringrazio perché mi ha accolta, perché ha lasciato che lo scoprissi, che lo conoscessi giorno dopo giorno; lo ringrazio per avermi concesso il privilegio, prima fra tutti, di arrivare dall'altra parte e, ancora, per l'amore che mi ha saputo donare e che non potrò mai ricambiare in eguale misura. Aggiungo il mio nome e le date di partenza e arrivo con l'indicazione del percorso e i chilometri. Lo piego e lo ripongo nella scatolina che lego con un pezzetto di spago, quindi scavo una buca nel luogo esatto in cui pochi minuti fa c'era la mia tenda; depongo il piccolo contenitore sul fondo e lo sfioro un'ultima volta con le dita prima di coprirlo con la sabbia; per finire segno il posto con un semplice pezzetto di legno, anche se so che nessuno potrà mai trovarlo.

È il 18 novembre. Solo poche ore mi separano dalla fine, e mi sento avvolgere da un grande senso di pace: ho impiegato 24 giorni a percorrere i 550 chilometri del più temuto deserto della terra, ma ho l'impressione di essere partita solo ieri.

L'arrivo

Da lontano scorgo le prime figure, poi un camioncino si avvicina in un turbinio di polvere e di rumore e penso: «È davvero finita, addio alla mia tranquillità!» In equilibrio sul cassone del fuoristrada i cameraman della televisione cinese riprendono immagini su immagini, mentre la macchina continua a girarmi intorno; sembrano dei forsennati. Distinguo cinque persone: mi gridano qualcosa che non capisco. Li saluto con un gesto della mano e continuo per la mia strada. In lontananza intravedo degli automezzi: «Ma quanti sono?» mi chiedo. Man mano che mi avvicino, riconosco un accampamento con una grande quantità di tende e una piccola folla variopinta in attesa. Cerco di distinguerne i volti, quando uno di loro parte di corsa e mi viene incontro; indossa un pile rosso, ha una bandana in testa e la barba lunga: allarga le braccia e mentre si avvicina quasi stento a riconoscerlo: è Oscar. Arriva di slancio, così veloce che per un attimo temo di cadere nell'impatto, ma mi stringe in un abbraccio talmente forte da sostenere me e lo zaino: «Ce l'hai fatta! Grande, sei stata grande», grida commosso. Sono le prime parole che sento nella mia lingua dopo quasi un mese. «Grazie, grazie a tutti, non ci credo», riesco a balbettare tra le lacrime.

Arrivano tutti insieme gli uomini della squadra di appoggio: Daniele, Jin, gli autisti; sorridono felici e mi circondano gridando la loro gioia in tre lingue diverse. Non potrò mai dimenticare quanto hanno fatto per me, quanto hanno sofferto e lavorato insieme a Oscar per aiutarmi a realizzare il mio sogno. Jin mi porge una melagrana, che in Cina è simbolo di buon augurio. Ecco le amiche italiane farsi avanti, commosse mi baciano tutte insieme. Sono ancora stanche per il lungo viaggio dall'Italia fino a qui e la gioia che provo nel vederle è immensa. Mi mettono tra le mani un minuscolo sacchetto di stoffa legato da un laccio, di quelli che si usano per confezionare i gioielli. Le guardo stupita mentre sorridendo mi incitano ad aprirlo. Mi scivola tra le mani una catenella d'oro bianco alla quale è appeso un piccolo ciondolo a forma di stella tempestato di minuscoli brillanti, sul retro sono incise le iniziali dei loro nomi. La sorpresa è tale che non riesco a parlare. Arrivano i dirigenti della Sector anche loro cari amici che hanno seguito con tanta passione questo progetto: c'è una gran confusione, tutti hanno gli occhi lucidi. Vedo anche un fotografo e un cameraman italiani che si danno un gran daffare per documentare ogni attimo dell'arrivo. Per una volta Oscar dimentica la cinepresa e può dedicarsi completamente alla sua professione di medico: mi scruta con attenzione, e prima di iniziare una visita sommaria mi afferra il polso per misurare i battiti e chiede: «Come ti senti?» «Benissimo!» rispondo subito. Nell'eccitazione generale dimentico perfino di togliermi lo zaino: sono talmente abituata ad averlo addosso che ormai è diventato parte di me.

Daniele e Jin si avvicinano per aiutarmi, ma li fermo con un gesto: c'è ancora un'ultima cosa che desidero fare. Lentamente mi giro verso il deserto e avanzo di qualche metro: poi mi inginocchio con lo zaino ancora sulle spalle e mi raccolgo in un attimo di meditazione, salutandolo per l'ultima volta.

Adesso tutti vogliono sapere, conoscere, fotografare. I giornalisti cinesi sono addirittura frenetici, io sono frastornata, non capisco più niente. Mi rendo conto di avere addosso da settimane gli stessi vestiti: improvvisamente vengo colta da un senso di disagio, solo adesso il contatto con gli altri mi rende consapevole dello stato in cui mi trovo: «Cosa penseranno di me?» mi domando, anche se mi rendo conto di quanto assurda sia la mia preoccupazione. Ho voglia di levare lo chèche; non ricordo neppure più quando ho lavato i capelli l'ultima volta: il freddo e l'acqua gelida delle pozzanghere non mi invogliavano certo a farlo. Enrica, Giusy e Graziella intuiscono il mio pensiero; in un attimo arrivano con un catino d'acqua calda, lo shampoo e un asciugamano: sembrano i Re Magi che portano i loro doni. Mi aiutano a ripulirmi alla meglio, e intanto ridiamo tutte insieme mentre le videocamere e le macchine fotografiche catturano ogni immagine. Finalmente sono pronta ad affrontare le interviste dei giornalisti sempre più impazienti. Mentre mi avvio all'appuntamento, vedo un cinese bianco di capelli che mi osserva un po' in disparte: mi accorgo che stringe tra le mani alcune foto. Qualcuno si avvicina e sottovoce mi comunica che è il padre di un ragazzo di Shanghai che come me desiderava attraversare a piedi in solitaria il Taklimakan. Avevo sentito parlare di lui a Pechino, prima di partire: mi avevano raccontato che nel giugno del 1996, nel tentativo di realizzare il suo sogno, era scomparso senza lasciare tracce. Per ricordarlo, il padre aveva voluto segnare con una lapide ai margini del deserto il punto da cui era partito. Quando ha saputo della mia impresa, ha chiesto ai dirigenti di Sector di poter venire ad accogliermi all'arrivo. Il pensiero di incontrarlo mi fa sentire a disagio: come può partecipare alla mia gioia un uomo che solo due anni prima ha perso il figlio nel tentativo di raggiungere il mio stesso obiettivo?

Lentamente si avvicina: mi parla in cinese e intanto allunga le mani per porgermi le ultime immagini di suo figlio. Dalla carta patinata un bel ragazzo sta sorridendo. È robusto e sembra anche piuttosto alto: sulle spalle porta uno zaino e la sua espressione rivela un'indole determinata, con lo sguardo un po' sognante tipico di chi nutre una grande passione per i viaggi e l'avventura. Sento un brivido corrermi lungo la schiena: ho l'impressione di trovarmi quasi in contatto medianico con lui. Quando, dopo un lungo istante, faccio per restituire le foto al padre, mi fa cenno di tenerle. Ci guardiamo, poi, d'istinto, lo abbraccio: ricambia il gesto affettuoso e intanto mi parla: un interprete spiega che si sta complimentando con me per l'impresa. Chiedo di tradurgli che ho deciso di dedicarla a suo figlio. Mentre l'interprete gli riferisce le mie parole, un sorriso dolcissimo gli illumina il volto e intanto mi ringrazia a mani giunte, chinando il capo: ricambio il sorriso e gli ultimi timori scompaiono davanti alla sua grande serenità.

Conclusioni

L'impresa del Taklimakan è stata molto apprezzata in Cina: temevo che ai cinesi non sarebbe piaciuto che il loro mitico deserto fosse stato attraversato per primo da una donna e per di più europea. Invece l'entusiasmo con il quale mi hanno accolta ovunque e soprattutto l'orgoglio dimostratomi dalle donne cinesi nel costatare che proprio una rappresentante del gentil sesso era riuscita nell'impossibile hanno fugato anche gli ultimi timori.

Una curiosità: durante l'impresa, nonostante il freddo e le terribili escursioni termiche che ho dovuto sopportare, sono stata sempre bene. Dopo la prima notte trascorsa a Pechino, in un albergo super comodo e riscaldato, mi sono ammalata di bronchite.

Al rientro in Italia, ho avuto una piacevole sorpresa: dai test effettuati all'Istituto di Medicina dello Sport di Milano e confrontati con quelli a cui mi ero sottoposta prima di partire sono emersi dati sorprendenti. Durante il periodo trascorso nel deserto, considerato relativamente breve per i parametri dei medici specializzati, e nonostante gli sforzi, il carico di peso a cui sono stata sottoposta e l'alimentazione ridotta al minimo è risultato che la mia efficienza fisica e psichica sono aumentate del venti per cento. Il medico ricercatore che ha avuto il compito di confrontare i parametri si è espresso in questi termini: «Considerata la tua età, il sesso e stabilito lo sforzo fisico a cui ti sei sottoposta, posso dire che ci troviamo davanti a qualcosa di assolutamente nuovo: per noi rappresenti una piccola tappa nell'evoluzione della specie umana».

Se mai ho avuto dubbi sull'utilità della mia passione di attraversare i deserti, i risultati della ricerca mi hanno fornito la prova che tutto ha un significato. Spero che le informazioni raccolte servano in un futuro che prevedo non molto lontano, per risolvere almeno in parte i grossi problemi legati all'emergenza causata dal rapido avanzare dei deserti su tutto il nostro pianeta. Molte popolazioni si troveranno a dover fronteggiare questa emergenza che coinvolgerà milioni di persone nel volgere di pochi anni. Sapere che l'organismo umano è in grado di adattarsi rapidamente e senza grosse conseguenze a nuove situazioni di vita considerate estreme fa ben sperare per il futuro di una parte dell'umanità.

Realizzare un sogno non è un'emozione fine a se stessa: a volte può rappresentare un dono anche per gli altri. Se le mie esperienze potranno un giorno servire a migliorare la qualità della vita di tante persone, spero di avere presto nuove occasioni per realizzare tanti altri sogni da donare.

SIMPSON DESERT

La voce della responsabile dei servizi a bordo, che annuncia il decollo come ormai imminente, mi riscuote dal torpore nel quale sono caduta appena messo piede sull'aereo. Controllo l'orologio: siamo in ritardo di mezz'ora, come al solito, per traffico intenso sulle piste. Lascio correre lo sguardo tra i passeggeri seduti intorno a me e intanto mi preparo psicologicamente ad affrontare le interminabili ore che ci aspettano prima di arrivare. Destinazione: Sidney, Australia.

Stento ancora a crederci: dopo tanto lavoro e ben cinque anni trascorsi dall'ultima impresa nel deserto del Taklimakan, finalmente sono in viaggio per realizzare il grande sogno, il più importante fra tutti, quello che chiuderà il ciclo iniziato nel '91 con la traversata del Tenéré.

Ben dodici anni sono ormai trascorsi da quando ho incominciato ad attraversare i deserti della terra e, passo dopo passo, mi sto avvicinando a quello che da allora ho sempre considerato l'obiettivo da raggiungere, quello nel quale ho sempre creduto e per il quale ho lavorato e mi sono battuta contro tutto e tutti per tanto tempo, senza risparmio di energie fisiche e psicologiche: attraversare un deserto per ciascun continente.

Non rimane che l'Australia. E proprio lì sono diretta, per verificare di persona i problemi e le difficoltà di una nuova traversata prima di decidere di avventurarmi in quest'ultima grande prova: attraversare a piedi da sola e senza supporto esterno il Simpson Desert, nel cuore del continente australiano, mai percorso in solitaria da alcuna donna.

È la primavera del 2003 e sto partendo per il sopralluogo che mi porterà a conoscere per la prima volta il mio prossimo deserto. L'emozione che provo è proporzionata alle difficoltà che ho dovuto affrontare prima di arrivare fin qui. Ripeto spesso che i preparativi sono altrettanto faticosi e impegnativi delle imprese vere e proprie. Nel caso dell'Australia, poi, ho dovuto fronteggiare difficoltà talmente grandi da desiderare il momento della partenza come un'autentica liberazione.

Mentre l'aereo inizia la sua lunga corsa prima di staccarsi da terra, torno indietro con il pensiero per ripercorrere il lungo cammino attraverso cinque anni di vita dedicati a inseguire un sogno.

Grande fratello

«A cosa stai pensando, Carla?» È la voce di mio marito a riportarmi alla realtà. Mi conosce troppo bene ormai, e sa che quando comincio a estraniarmi tanto spesso dalle discussioni comuni vuol dire che sta succedendo qualcosa, e giustamente si preoccupa.

Dopo il ritorno dalla Cina, per mesi sono stata travolta da ritmi di lavoro pesanti e impegni continui. L'impresa ha ottenuto un ottimo riscontro tra i media e rendermi conto che le persone sono sempre più affascinate dal racconto delle mie avventure mi ha fatto dimenticare rapidamente la fatica e le conseguenze che la traversata ha lasciato dietro di sé.

Anche il libro, uscito a giugno prima di partire per l'ultima avventura, sta andando molto bene e mi godo soddisfatta il risultato di tanta fatica. Dopo alcuni mesi, una troupe del più importante canale televisivo cinese preannuncia il suo arrivo a Milano. Hanno in programma la realizzazione di uno speciale interamente dedicato a me e all'impresa nel Taklimakan e desiderano girare delle immagini sulla mia vita di tutti i giorni. Inutile dire che il loro arrivo ha sconvolto l'esistenza della mia famiglia. Qualsiasi gesto di Oscar, Max e naturalmente mio viene scrupolosamente ripreso da tre angeli custodi che non ci abbandonano un attimo. Ovunque andiamo siamo seguiti da un cameraman, da un fonico e dal regista che vuole sapere tutto ed esplorare ogni angolo della casa e ogni momento della nostra giornata. A turno troviamo rifugio nei bagni per assaporare qualche minuto di tregua prima di ritornare sotto i riflettori, in un'anteprima cinese di quello che sarebbe diventato da noi il *Grande Fratello*. Per sfuggire alla telecamera, Oscar si inventa ogni tipo di impegno a ore improbabili e Max trascorre tutto il suo tempo libero nel garage che chiude a chiave dall'interno, mentre i cinesi si aggirano in camera sua alla ricerca di oggetti che suscitano di volta in volta commenti ed espressioni di genuina sorpresa. Naturalmente tocca a me intrattenerli per la maggior parte del tempo, ma come? Dopo averli accompagnati in palestra da Franco, il mio allenatore, per raccontare come mi sono preparata fisicamente ad affrontare il deserto, a fare la spesa e a esplorare i dintorni di casa mia, inevitabile arriva il momento di fare ritorno a casa. E qui si scatena la fantasia dei cameraman. Con garbo mi chiedono di esibirmi nella preparazione del caffè e dei piatti tipici italiani, per mostrare alle donne cinesi come cuciniamo in Italia. Infine mi tocca prendere in mano qualche lavoro di cucito a scelta, punto croce piuttosto che maglia o uncinetto, sempre per la gioia delle signore in Cina. Ricordo ancora il sollievo provato da tutti noi nel vederli partire tra inchini e ringraziamenti, portando con sé ore e ore di materiale girato e soddisfatti del lavoro svolto. Pare che ancora oggi venga mandato periodicamente in onda il filmato in tutta la Cina. Dopo il primo mese di programmazione, ho ricevuto il comunicato relativo a un'audience da capogiro: settecento milioni di spettatori!

L'idea di attraversare uno dei deserti australiani è nascosta nella mia mente da tempo, forse già prima della Cina, però non si è mai manifestata come progetto. Nell'inconscio temevo di anticipare troppo i tempi con programmi a lungo termine e, perché no?, magari anche per scaramanzia. Confesso di aver cominciato ad accarezzare l'idea mentre camminavo nel Taklimakan. È successo anche tutte le altre volte: le lunghe ore di solitudine favorivano i pensieri e ogni impresa si è manifestata e ha preso forma nel corso della precedente.

Questa volta però decido di non parlarne subito: i mesi successivi al ritorno in Italia vedono l'avvicendarsi di grossi cambiamenti di grande importanza che segneranno profondamente il corso degli eventi e mancano i presupposti per lavorare a una nuova idea. La grande novità riguarda Sector e il mitico No Limits Team. Da subito, dopo la morte di de Gayardon e di Chantal Mauduit, si sono avvertiti i segnali di un cambiamento all'interno dell'azienda che però sono stati valutati come naturale reazione a due incidenti drammatici. Con il passare del tempo, quella che sembrava a tutti solo una fase di passaggio si rivela qualcosa di ben più importante e vengono a mancare le colonne portanti, le persone che hanno sostenuto e seguito tutti i progetti degli atleti del team. Ci sentiamo disorientati, privati dei nostri punti di riferimento e in breve tempo la struttura comincia a dare i primi segni di cedimento.

Senza quasi rendercene conto ci troviamo davanti a una situazione del tutto inaspettata: il No Limits Team, che ha fatto sognare milioni di persone con le sue fantastiche imprese in ogni angolo della terra, non esiste più.

La traversata del Taklimakan rimane l'ultima pagina di una meravigliosa storia scritta da donne e da uomini che spesso sono stati giudicati fuori di testa: il racconto delle imprese di questi matti rimarrà nel cuore di tutti noi e la fine della storia lascia un grande vuoto in chi crede nella vita vissuta come una grande avventura.

Mi giro a guardare Oscar e rispondo: «Sto pensando a quello che pensi anche tu».

Che fare?

Questa volta è proprio mio marito a spingere perché mi impegni nel progetto Australia. Si rende conto che i recenti cambiamenti hanno lasciato il segno ed è preoccupato: proprio lui che ha sempre vestito la parte del moderatore nei precedenti progetti adesso mi incoraggia ad andare avanti.

Sa quanto desidero chiudere il ciclo dei deserti e sta cercando di aiutarmi a non rinunciare al mio sogno, ben sapendo che con il tempo potrei soffrire per non aver portato a termine l'intera avventura.

Da parte mia c'è una grande indecisione: non che non voglia andare avanti, anzi lo desidero tantissimo, ma ho paura a lanciarmi nella preparazione di una nuova avventura completamente sola, senza l'appoggio e il sostegno di chi mi ha seguito in tre imprese. Ritorno alla condizione iniziale quando, nel '91, ho deciso di unirmi alla carovana dei tuareg. Era l'inizio della mia storia personale e allora non mi rendevo conto fin dove mi sarei spinta. Con l'esperienza maturata in questi anni, mi chiedo se avrò la forza necessaria per affrontare da sola un simile impegno.

« Mamma, ti vogliono al telefono! » La voce di mio figlio rimbalza per la casa insieme alla musica che a volume piuttosto alto esce dalla sua camera. Da pochi mesi è tornato definitivamente dopo un periodo di lontananza, e la vita di tutti è cambiata. La presenza e il carattere allegro e solare di Max riempiono ogni angolo del nostro spazio e anche del nostro tempo. È incredibile come tutto sia cambiato. La casa stessa vive una metamorfosi costante fatta di cose sue che sono ovunque, di nuovi rumori; perfino gli odori sono cambiati. La passione per lo sport non l'ha mai abbandonato e assorbe tutto il suo tempo libero.

Ha ripreso a giocare a hockey su ghiaccio nella stessa squadra che aveva lasciato prima di partire e l'alternarsi di allenamenti e partite coinvolge non solo lui ma anche noi che lo abbiamo sempre sostenuto e incoraggiato.

Dal telefono la voce arriva chiara, anche se al momento

stento a riconoscerla. È passato un po' di tempo ma è la stessa di allora. Si tratta di un amico con il quale abbiamo diviso tanti momenti, fa piacere risentirlo dopo una lunga pausa di silenzio. Adesso vive all'estero per motivi di lavoro ed è tornato a casa in visita a parenti e amici. «Ho sentito in televisione che tenterai il deserto australiano, quando parti?» Sono sorpresa, non ricordo di averlo detto... poi mi viene in mente l'intervista che ho rilasciato qualche mese fa, in cui accennavo al progetto senza sapere neppure che sarebbe andata in onda. Sto per rispondere che, «no, non credo proprio di andare in Australia», quando aggiunge: «Lo sapevo che non avresti mollato, sei proprio brava sai? Siamo tutti orgogliosi di te, continuiamo a seguirti anche da lontano e ti nominiamo sempre, sei un esempio per tutti». Stento a trovare le parole adatte, per fortuna incomincia a raccontare del suo lavoro e dell'esperienza nel paese dove abita così mi evita di dare troppe spiegazioni. Ci promettiamo di sentirci presto e lui chiude con un: «In bocca al lupo per la prossima, fammi sapere quando sarà!» Rimango a osservare il telefono fino a quando arriva Max a interrompere i pensieri. «È successo qualcosa, brutte notizie?» «No, è un mio amico che voleva sapere quando vado in Australia.» «E tu cosa gli hai detto?» «Cosa gli ho detto? Non ho detto niente.» «Mamma, non vorrai rinunciare al tuo obiettivo!» Per la prima volta mio figlio affronta direttamente l'argomento. Lo guardo stupita mentre con il suo mezzo sorriso stampato sulla faccia mi osserva di traverso strizzando un occhio: «Proprio tu, che mi spingi sempre ad andare avanti! Non puoi fermarti adesso, ti rendi conto? Devi farlo.» Mi allunga una leggera pacca sulla spalla e si allontana borbottando: «Lo farai, ti conosco, certo che lo farai!»

Diventa un chiodo fisso. Per giorni la parola Australia riempie tutti i pensieri e compare in ogni momento. Mi vengono in mente le parole dell'amico, quelle di Max e di Oscar, ho l'impressione di deludere le loro aspettative e insieme alle loro anche quelle di tante, tantissime persone che mi hanno seguito e che continuano a scrivermi per manifestare il loro entusiasmo e la loro stima per quello che faccio. D'altra parte mi spaventa mettere in moto la macchina dell'organizzazione senza l'aiuto di persone affidabili, non riesco a immaginare come preparare tutto con le mie sole forze.

A sorpresa arriva un'e-mail. È di un ragazzo che non conosco, ha letto *Deserti*, e mi ringrazia perché attraverso le parole del libro ha trovato la forza per superare un momento molto difficile della sua vita segnato da una grave malattia. Sono colpita da una sua frase: «Se tu sei riuscita ad attraversare da sola i deserti, mi sono detto, perché non posso farcela anch'io?» e poi conclude con: «Aspetto di leggere le tue prossime imprese per continuare a sognare». Come si può ignorare un simile messaggio? Sento di avere sulle spalle una grande responsabilità, mai avrei immaginato che i deserti mi avrebbero regalato emozioni così profonde. È il segnale che mancava, quello che inconsciamente ho aspettato per tutto questo tempo. Per assurdo sono le parole del ragazzo a incoraggiarmi, a farmi dire: «Se ce l'ha fatta lui, perché non posso riuscire anch'io?»

Geografia

La parte centrale dell'Australia è un unico grande deserto definito genericamente outback, dove è possibile viaggiare giorni interi senza incontrare anima viva, anche se in realtà sono sei i territori classificati come veri deserti e ben distinti tra di loro: il Tanami a nord, il Great Sandy e il Little Sandy a ovest, il Gibson e il Simpson nel centro e il Great Victoria a sud. Al momento di decidere dove si sarebbe svolta l'impresa australiana, la scelta è caduta subito sul Simpson: la posizione geografica esattamente al centro del continente, al confine tra il Northern e il Southern Territory, ne fa il deserto simbolo dell'Australia e la vicinanza con i territori aborigeni contribuisce ad aumentarne il fascino. Ma, soprattutto, è l'unico deserto a non essere stato attraversato fino a oggi da una donna in solitaria.

Le carte geografiche indicano l'inizio ufficiale a Dalhousie, una piccola località che ne segna l'estremo confine occidentale, e il termine dopo quattrocentotrenta chilometri alla Big Red, la grande duna rossa che indica la fine a est, distante solo pochi chilometri dalla cittadina di Birdsville, il primo centro abitato che si incontra sul bordo del deserto. Nonostante sia popolato da numerose specie animali, il Simpson è privo d'acqua. È uno dei deserti più antichi della terra e la grossa concentrazione di minerali ferrosi che ne determinano l'incredibile colore rosso sprigiona una grande energia che si trasmette in modo tangibile a chi ha il privilegio di stare a contatto con questo fantastico luogo.

Da sempre sono stata attirata da quello che identifico come il cuore di questo enorme paese, dove si è sviluppata la fantastica cultura del popolo aborigeno che, per riuscire a sopravvivere, ha dovuto adattarsi a nuovi stili di vita, in forme molto meno affascinanti di quelle che alcune storie vorrebbero far credere: la verità che io stessa ho potuto osservare è ben diversa da quella descritta nei romanzi. Sempre di più gli aborigeni australiani rappresentano una realtà ben definita all'interno del paese, i territori che occupano sono di loro esclusiva proprietà e per accedervi è necessario chiedere dei permessi che non sempre vengono accordati.

Buio

Mille dubbi si fanno strada e si manifestano l'uno dopo l'altro, subdoli e inquietanti in uno stillicidio continuo, ma è la condizione fisica quella che mi preoccupa più di ogni altra cosa. Dopo il Taklimakan ho continuato la consueta attività in palestra con Franco; lui la chiama 'fase di mantenimento', un lavoro non molto impegnativo ma efficace che tuttavia non ha nulla a che vedere con l'allenamento specifico per un'impresa come quella che ho in mente. Ne parliamo con calma, valutando ogni aspetto della preparazione. Mi conosce benissimo, forse ancora più di quanto mi conosca io, ed è l'unico in grado di esprimere un parere attendibile: sarò ancora in grado di reggere alla fatica e ai ritmi di un allenamento che durerà diversi mesi? Franco dice che, sì, posso farcela, a patto di lavorare tutti i giorni con costanza, senza defezioni.

L'idea di riprendere con gli allenamenti è eccitante, mi sembra di tornare ai tempi in cui praticavo sport agonistico e trascorrevo giornate intere in palestra per prepararmi alle competizioni. E poi sarà stimolante confrontarsi con Max, impegnato anche lui con gli allenamenti sul ghiaccio, scambiarsi opinioni su muscoli, pesi e alimentazione, sotto lo sguardo attento di Franco, che segue anche la preparazione sua e di altri giovani atleti.

Naturalmente il grosso problema resta quello dell'organizzazione, in particolare l'acquisizione degli sponsor che ha la priorità su tutto il resto. Sarà il loro coinvolgimento a decidere se potrò andare avanti. È un lavoro al quale non mi sono mai dedicata prima, anche perché la presenza di Sector era una garanzia e tutta la macchina organizzativa era gestita direttamente da loro. Incomincio a lavorare in questa direzione e mi trovo davanti a difficoltà che neppure sarei riuscita a immaginare. Commetto errori su errori nel valutare situazioni e persone che ritenevo idonee ad affiancarmi mentre i mesi scivolano via. La tensione aumenta e mi rendo conto che la scadenza che avevo stabilito dovrà sicuramente essere posticipata.

Un evento drammatico mi colpisce improvviso, anche se in qualche modo vi ero preparata già da tempo: viene a mancare la mia mamma. Non riesco ad accettare la perdita della figura più significativa della mia esistenza, è lei che mi ha sempre seguito e incoraggiato nei percorsi di vita e di sport senza mai interferire nelle mie scelte, anche quelle azzardate. È stata una grande sportiva, come mio padre, e insieme hanno sempre partecipato ai successi e alle sconfitte mie e di mio fratello. Era molto orgogliosa delle imprese nei deserti e riusciva a dissimulare la sua preoccupazione, anzi la sua serenità era quasi uno stimolo per continuare. La vita cambia, improvvisamente. Priva di un riferimento fondamentale, sono vulnerabile, impreparata a elaborare psicologicamente una perdita così grave. Inutile dire che il progetto viene accantonato: in questo momento è difficile trovare la concentrazione necessaria, inoltre non me la sento di lasciare mio padre. Il problema in realtà non esiste, dal momento che da anni ormai la sua mente è lontana e non segue più le avventure della figlia, però è impensabile progettare una partenza in queste condizioni. Se dovesse succedergli qualcosa mentre sono impegnata nel deserto, non riuscirei mai a perdonarmelo.

Il tempo scorre lento, stempera il dolore più profondo e pesante, portandone via con sé, giorno dopo giorno, invisibili frammenti. Sento mia madre più vicina adesso che nell'ultimo periodo della sua vita, quando a volte stentavo a identificarla con la persona forte e determinata che era. Ne avverto la presenza in ogni momento, mi accorgo che è confortante averla sempre accanto. Lentamente la sofferenza per la perdita si trasforma da mostro inumano quale era, da nemico imprevedibile e sfuggente, in una percezione quasi accettabile che sono finalmente in grado di riconoscere e di controllare. Pian piano sto uscendo dal buio.

Preparativi

Chi pensa che preparare un'avventura sia un modo divertente ed eccitante per inseguire e dare forma a un desiderio, oppure un sistema alternativo per riempire gli spazi vuoti della propria esistenza, forse è il caso che si informi meglio.

Sono quasi certa che chi mi giudica stravagante o poco impegnata oppure chi vorrebbe cimentarsi in prove estreme cambierebbe idea se solo avesse modo di avvicinarsi e di prendere parte, anche solo per poco tempo, al difficile cammino che conduce alla realizzazione di un evento di questo tipo. È un lavoro a tutti gli effetti, che richiede grande impegno, con orari da suicidio e pause spesso saltate. La prima fase è dedicata allo studio del territorio, seguita dalla scelta dell'itinerario più idoneo da percorrere. Qualche mese prima dell'impresa viene fatto un sopralluogo, e questa ricognizione sul campo è indispensabile per verificare quanto le informazioni raccolte siano attendibili e per comprendere i problemi che si presenteranno. Sulla base dei dati raccolti si procede a stimare la possibilità di trovare acqua lungo il percorso e, nel caso ciò non fosse possibile, a decidere quale sarà il sistema più efficace per organizzare i rifornimenti. In seguito si cerca di valutare la durata approssimativa dell'impresa e si procede a scegliere e a realizzare i materiali che verranno usati. Vanno poi organizzati gli approvvigionamenti necessari al gruppo di supporto per tutto il periodo previsto per la traversata. Una particolare attenzione va dedicata a programmare gli eventuali soccorsi e a pianificare i collegamenti radio o telefonici tra me e i miei compagni. Importantissima sarà la scelta degli automezzi di supporto che dovranno essere perfettamente attrezzati e in grado di spostarsi con facilità nel deserto. Bisogna poi provvedere a scegliere una guida esperta della zona, figura determinante per garantire la sicurezza di tutti e il successo dell'impresa. Naturalmente tutto quanto ho descritto può avvenire solo dopo aver selezionato gli sponsor e avere valutato insieme se esistono i presupposti per lavorare in accordo sul progetto. Questo comporta anche la pianificazione del lavoro di comunicazione con i vari organi di stampa e televisione, e il rendersi disponibile per interviste e interventi in qualsiasi momento arrivi la richiesta. Inutile aggiungere che tutto va portato avanti senza mai saltare un minuto di allenamento, oltre a un severo programma alimentare preparato da medici esperti del settore e uno stile di vita il più possibile corretto. Tutto questo senza concrete prospettive di guadagni importanti ma con l'unico obiettivo di coprire almeno le spese.

Se questa non è vera pazzia...

La schiena mi tradisce

Il dramma scoppia improvviso, inatteso. Al ritorno da una normale seduta in palestra, avverto il primo segnale: un dolore insistente alla schiena totalmente nuovo. Mi metto a riposo: «Sarà un risentimento muscolare», penso, anche se non sono convinta dell'autodiagnosi. Nel giro di poche ore la situazione precipita. Mi ritrovo bloccata a letto, incapace di muovere un passo pena spasmi lancinanti. Oscar mi somministra cocktail di farmaci antidolorifici e antinfiammatori, ma non succede niente: la schiena è un blocco di dolore sordo. Per tre giorni resto a letto, impotente. Quando finalmente supero la crisi, mi sottopongo a una radiografia di controllo.

Il medico che mi ha sottoposta all'esame arriva con le lastre in mano, ha sul viso un'espressione che non si può definire incoraggiante. Le allunga al collega seduto davanti a me, un amico che conosce la mia storia. Lo osservo mentre studia con attenzione le immagini in negativo e sento che sta per arrivare una brutta notizia. «Carla, hai un problema alla quinta vertebra, L5, si tratta di un'ernia al disco. Credo che dovrai appendere lo zaino al chiodo e scordarti l'Australia.» Lo fisso inebetita, per un attimo non riesco a parlare, mentre sento uno strano formicolio partire dallo stomaco. «Ma non è possibile, non ho mai avuto problemi con la schiena, me ne sarei accorta, sei sicuro?» Annuisce in silenzio poi mi indica sulla lastra il punto: «Vedi? Purtroppo non c'è possibilità di errore. Mi dispiace tanto ma non hai scelta: devi fermarti». Poi arriva la mazzata finale: «Temo che ci siano i presupposti per un intervento chirurgico».

Sento mancare il fiato, tutto il mondo mi crolla addosso,

quel mondo che ho costruito a piccoli passi in tanti anni di lavoro e di sacrifici. Non riesco a crederci, «Perché, perché?» continuo a ripetermi, non capisco più niente, sono stordita anche se cerco di mantenere un'espressione neutra. È un colpo durissimo ma non mi arrendo, voglio vederci chiaro, andare fino in fondo. Insieme a Oscar valuto la situazione, anche lui non è d'accordo per l'intervento ma è fondamentale la valutazione di un esperto. Fisso un appuntamento con il professor Corona, un luminare nel campo della neurochirurgia: rapidamente gli spiego il problema, qual è la mia attività e cosa ho in mente di fare. Mi guarda stupito mentre racconto dei deserti passati e del prossimo in Australia, poi mi sottopone a una visita accurata. Avverto subito che ha un atteggiamento positivo, sono tranquilla e decido di affidarmi al suo giudizio senza riserve: farò quello che dice lui. Dopo avere inserito nel computer una serie di dati, incomincia a parlare: «Il problema c'è, però io non la opero. Non vedo i presupposti per un intervento e credo che nel suo caso non sarebbe risolutivo». Riprendo a respirare normalmente mentre aspetto che continui: «Per quanto riguarda l'Australia è difficile darle la mia approvazione in simili condizioni, però non sono neppure in grado di dirle di no. Le probabilità che lei ce la faccia sono al cinquanta per cento, molto dipenderà dalla preparazione fisica che dovrà essere modificata per far fronte alla nuova situazione ma soprattutto dal suo atteggiamento mentale». Sento un benefico flusso di calore diffondersi per il corpo: «Come medico non dovrei dirlo, ma credo che se lo vuole veramente può farcela. Ci rivediamo tra un mese». Poi aggiunge con aria di complicità: «Io faccio il tifo per lei». Vorrei abbracciarlo, non mi sono sbagliata, ho incontrato una persona eccezionale. Con poche parole è riuscito a darmi la spinta che cercavo per superare questo momento difficilissimo, per ritrovare la fiducia che mi stava abbandonando.

Capisco che mi aspetta una grande prova, un deserto nel deserto, da superare mettendo in gioco tutte le risorse fisiche e mentali che riuscirò a tirar fuori nei mesi a venire. Non vedo l'ora di parlare con Franco. La strada da percorrere sarà lunga e piena di difficoltà, ci saranno momenti di sconforto da superare e nessuna certezza di riuscire nella nuova impresa che si è materializzata all'improvviso, ma sono certa di essere pronta a qualsiasi sacrificio pur di andare avanti. Il sogno è sempre lì e aspetta di essere realizzato.

Tre anni sono lunghi

Il lungo intervallo tra un'impresa e l'altra mi ha aiutato a pensare con calma agli eventi e a come sono arrivata a questo punto. Sono passati tre anni dall'ultima impresa, un periodo di tempo troppo lungo, considerato che l'intervallo intercorso tra le ultime spedizioni è stato di due anni. Capisco che la tensione e lo stress che hanno segnato la fase dell'inizio non sono buoni compagni: è fondamentale che impari a capire come affrontare il progetto se voglio concludere qualcosa. Perché ho deciso di continuare, nonostante tutte le difficoltà che so di trovare lungo il cammino.

Vado per tentativi: provo a cambiare ruolo e divento un'osservatrice esterna, priva di coinvolgimenti emotivi. Esamino la situazione con occhio critico; valuto i pro e i contro con tutta l'obiettività che riesco a trovare per capire come muovermi e quante energie destinare per superare il problema sponsor, fondamentale per far partire il tutto. Fino a questo momento ho dedicato la maggior parte delle energie a cercare chi avrebbe dovuto assumersi l'impegno insieme a me, sperando forse inconsciamente di imbattermi in una fatina buona pronta a risolvere la questione con una bacchetta magica senza capire che invece avrei dovuto incominciare a costruire da sola partendo dal basso, mattone dopo mattone, la struttura portante di tutto il sistema.

Gli sponsor tecnici che mi hanno seguito nel corso delle imprese precedenti confermano subito la loro disponibilità, anche se da soli non bastano a garantirmi il sostegno economico necessario. La loro solidarietà mi è di grande aiuto in un momento tanto delicato e la fiducia che mi regalano è determinante per fare la scelta giusta. Dopo tante tensioni e tanto stress accumulato, prendo la decisione destinata a cambiare in maniera risolutiva il corso degli eventi: l'Australia si farà, con o senza aiuti economici, e se non ci saranno alternative sono disposta a diventare lo sponsor di me stessa. È un atto dovuto nei confronti di chi mi appoggia incondizionatamente.

Da quel momento, tutto cambia. Acquisisco una nuova serenità che mi permette di valutare l'importanza di ogni singolo evento per quello che è; finalmente capisco di aver imboccato la strada giusta e questo condiziona anche l'atteggiamento degli altri. Non sono più io a cercare appoggi e consensi ma avviene il contrario: incominciano ad arrivare proposte inattese. Quasi senza rendermene conto mi trovo a disporre di un pool di sponsor non di grande portata ma sufficienti a garantire la realizzazione del progetto. È incredibile quanto il nostro atteggiamento mentale possa influenzare il corso degli eventi e modificare anche le situazioni più difficili. Ancora una volta ho la conferma che il pensiero positivo arriva dove le altre risorse non hanno accesso ed è un patrimonio a disposizione di chiunque abbia la forza di provarci.

Dopo l'incontro con il professor Corona e il suo incoraggiante parere sulle condizioni della mia schiena, mi trovo finalmente con Franco a parlare del problema. Valutiamo ogni aspetto dell'imprevisto che più di tutti rischia di essere determinante. Con la sincerità che ha sempre caratterizzato il nostro rapporto di lavoro, gli chiedo di dirmi tutta la verità, senza false illusioni. Se da una parte non posso coinvolgere i partner dell'impresa in un'avventura che parte gravata da un handicap così grave, dall'altra non è neanche giusto fasciarsi la testa prima di essersela rotta con allarmismi e paure eccessive. Vorrei avere almeno la possibilità di provarci e credo di essere abbastanza equilibrata e onesta per farmi carico di una responsabilità tanto pesante. Come mi aspettavo, Franco conferma quanto mi ha detto il chirurgo e poi aggiunge: «Ci sarà da fare un grosso lavoro in più per proteggere la colonna in previsione dei carichi che dovrai sopportare. Molto dipende da te, se te la senti di affrontare tanti sacrifici». Poi aggiunge: «Credo che tu voglia provarci, vero?» Ecco, anche lui fa parte del gruppo che si aspetta che vada avanti. Prima di coinvolgere tante persone, però, devo essere sicura che le probabilità di riuscita siano alte. Stringo i pugni e sento le unghie premere sulla pelle fin quasi a tagliarla mentre ascolto la mia voce che risponde: «E, se ti dico che ci provo, tu mi garantisci che possiamo farcela?» sono passata al plurale, è una decisione che coinvolge entrambi e capisco che anche per lui la responsabilità è pesante. Seduta sulla panca dello spogliatoio in palestra, fisso un punto alle sue spalle mentre sento gravarmi addosso tutto il peso di questa terra. È un momento molto delicato, sto prendendo una decisione importante che può pregiudicare tutto il lavoro fatto fino a oggi. Come ne uscirebbe la mia immagine se dovessi fallire a causa di un problema fisico che nessuno conosce? E, se decidessi di rendere pubblica la notizia, quale sarebbe la reazione di chi mi affianca nel progetto? Quasi certamente negativa, questo lo so; d'altra parte è difficile dare torto a chi sceglie di tirarsi indietro con questi presupposti. Anche se lui fa di tutto per rimanere calmo, la tensione di Franco si rivela con gesti e movimenti quasi impercettibili che ormai so riconoscere. Quando parla però, dopo una breve pausa, il tono è fermo e deciso: «Preparati a un impegno molto pesante, ma se farai tutto quello che ti dirò credo che potremo venirne fuori». Poi aggiunge parlando quasi a se stesso: «Sì, sono sicuro. Possiamo farcela».

Finalmente si comincia

L'impossibile prende forma e si inizia finalmente a ragionare su tempi e date, prima fra tutte quella del sopralluogo,

In palestra cammino ore e ore sul tapis roulant inclinato per simulare la pendenza delle dune. Sulle spalle lo stesso zaino che userò nella traversata del Taklimakan caricato con trenta chili.

Tutto il materiale è pronto e aspetta solo di essere sistemato nello zaino. Quando sarà pieno avrò sulle spalle ben ventiquattro chili di carico.

Insieme a Jin studio la mappa del deserto che dovrò affrontare. Le poche notizie che siamo riusciti a raccogliere non sono altro che racconti di quei pochissimi viaggiatori che nel corso dei secoli si sono avventurati da queste parti.

Con Daniele taro il mio GPS in base al percorso che ho deciso di seguire. Anche in quello della squadra di supporto verranno inseriti gli stessi dati per evitare ogni margine di errore in caso di emergenza.

Sotto gli occhi di Jin e dei due autisti saluto Oscar con un ultimo abbraccio: ci rivedremo dopo ventiquattro giorni dall'altra parte del deserto.

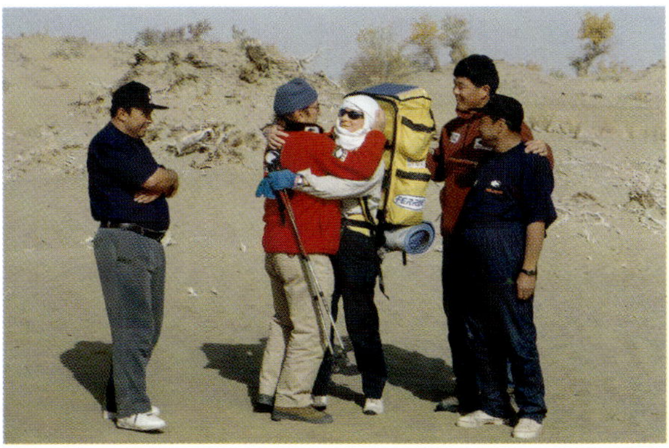

A destra. La piccola carovana di cammelli bactriani avanza lentamente con il prezioso carico insieme ai miei compagni: a loro spetta il difficile compito di organizzare i rifornimenti.

Le origini kazake di questo popolo sono evidenti nei tratti somatici e nell'abbigliamento di quest'uomo e di questo ragazzino (*foto a destra*) di razza uyguri.

Il nostro arrivo genera curiosità dappertutto e una folla di giovani uyguri ci segue ovunque andiamo: siamo gli unici europei nel piccolo villaggio alle porte del deserto.

Un impressionante susseguirsi di dune riporta alla memoria l'immagine delle onde di un oceano in tempesta.

L'ora della sosta notturna si sta avvicinando quando finalmente vedo la bandierina: sventola nel mare di sabbia a indicare il punto dove troverò l'acqua.

Oscar posiziona il rifornimento d'acqua e lo segnala con una bandiera colorata: sarà più facile per me riuscire a distinguerlo anche da lontano.

Il mio piede sinistro ha avuto problemi fin da subito: quando monto il campo alla sera scopro che si è formata una vescica, già gonfia e piena d'acqua.

All'arrivo Oscar mi abbraccia commosso e intanto da medico mi guarda con attenzione. «Come stai?» chiede. Dopo quasi un mese sono le prime parole che sento nella mia lingua.

In vista della spedizione nel Simpson Desert, l'allenamento è curato come sempre da Franco, che mi ha seguito nella preparazione di tutti i deserti. Mi conosce benissimo e la sua esperienza è un grande aiuto per riuscire a sopportare questa nuova fatica.

È il momento della partenza: lo zaino già caricato sulle spalle, lo sguardo avanti verso il deserto che aspetta, saluto Oscar poi finalmente via! Per l'ultima impresa e per l'ultima volta.

Incomincio a camminare e resisto alla tentazione di voltarmi per un ultimo saluto. Sento gli sguardi dei compagni seguirmi a lungo mentre venticinque chili di zaino mi premono addosso.

Il grande lago salato è proprio qui davanti e si allunga in ogni direzione a riempire ogni spazio del panorama, uno spettacolo che mette angoscia.

Dopo la pioggia il deserto fiorisce e migliaia di piccoli fiori bianchi si schiudono nella sabbia.

La distesa di sabbia rossa è interrotta qua e là da numerosi cespugli di spinifex, rifugio preferito dei serpenti che vivono nel deserto.

A sinistra. Dall'alto di uno dei tanti cordoni di dune, lo sguardo spazia tutt'intorno per cercare qualche segnale di vita.

Ogni ora mi fermo per pochi minuti a riposare sulla cima di una duna: ho scoperto che in alto c'è sempre un poco d'aria e la sabbia è più soffice.

Affronto la Big Red, l'ultima duna che segna la fine del deserto con tutta la grinta che ho dentro ma senza cattiveria.

Il caldo è impressionante: il termometro segna 55 gradi, camminare in queste condizioni è veramente difficile.

L'incontro con gli animali che vivono nel deserto è sempre una sorpresa: questa volta si tratta di un'iguana che immobile al sole si lascia osservare.

La tenda mensa della squadra di supporto è completamente allagata dopo una notte di pioggia continua. Anche per i miei compagni il Simpson Desert si rivela durissimo.

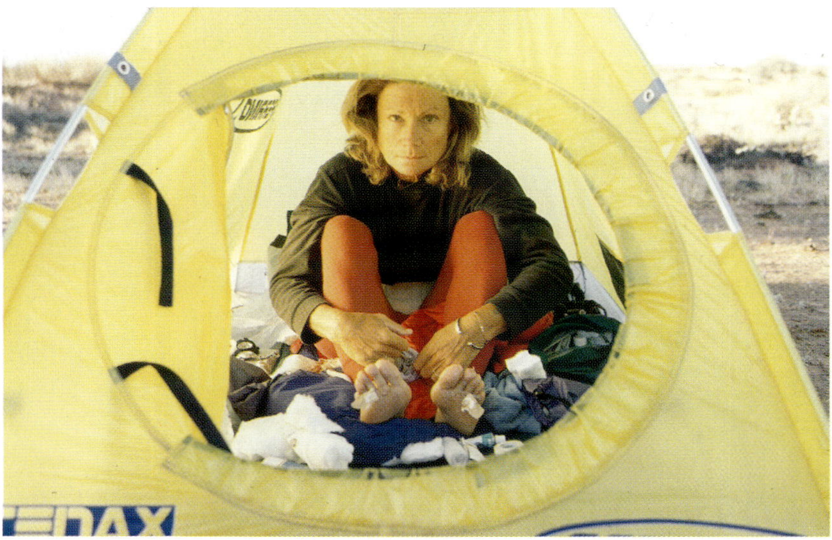

Sola, nella mia tendina di nove etti, mi riposo dopo la grande fatica della giornata e aspetto che scenda la notte. Prima del buio ogni cosa verrà sistemata all'interno.

L'abbraccio con mio marito all'arrivo, dopo venti giorni di traversata. Negli occhi di entrambi ci sono i segni della stanchezza.

Finalmente libero i capelli costretti nello chèche per tanto tempo. Fanno quasi male e già pregusto il piacere di uno shampoo.

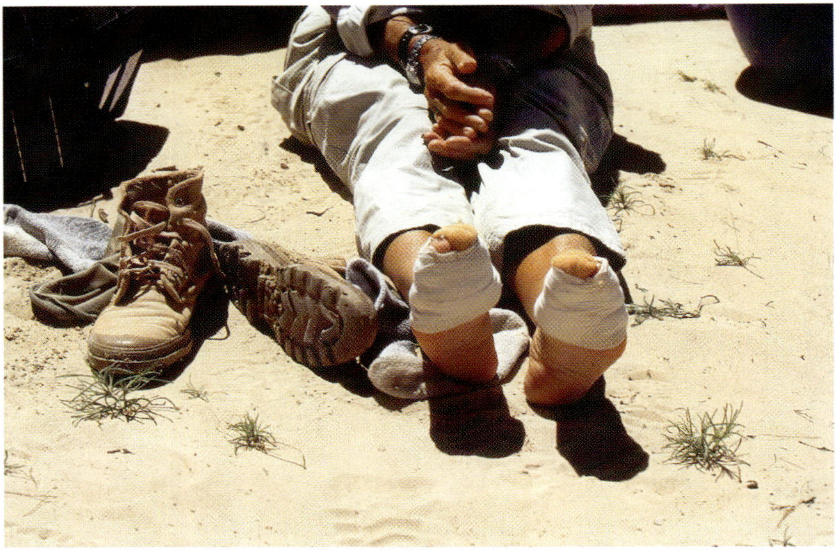

I piedi segnati dalle piaghe fanno ancora male: ci vorranno diversi mesi prima che ogni traccia sparisca e che ritornino a essere normali.

Con lo zaino ancora sulle spalle mi inginocchio verso il deserto e lo ringrazio per l'ultima volta. Ho realizzato il mio grande sogno: attraversare un deserto per continente.

assolutamente indispensabile per definire la durata e le caratteristiche dell'impresa. Ricordo ancora con angoscia le terribili difficoltà che ho dovuto affrontare nel Kalahari, l'unico dei deserti in cui non è stata fatta una perlustrazione prima della partenza. Da allora ho giurato che non avrei mai più affrontato un'impresa al buio.

Incominciano le infinite riunioni davanti alle carte geografiche dell'Australia. Con Oscar e Daniele, anche questa volta nel ruolo di capospedizione, si discute per serate intere valutando tutte le informazioni che abbiamo a disposizione. Nessuno di noi ha al suo attivo precedenti viaggi in Australia e quindi ci dobbiamo basare su quanto riusciamo a reperire dalle fonti più diverse per capire a fondo che tipo di deserto sia il Simpson. Nel continente australiano, le stagioni sono rovesciate rispetto a noi, ed è un dato fondamentale del quale bisogna tenere conto per stabilire il periodo più idoneo per la traversata. Se fa troppo freddo di notte o troppo caldo di giorno, non ci sono i presupposti per potere affrontare una prova già difficile e delicata e quindi gli unici periodi adatti sembrano essere quelli delle stagioni intermedie, quando le condizioni atmosferiche non sono estreme. Il freddo nel deserto vuol dire temperature che scendono anche parecchi gradi sotto lo zero e il caldo nel centro dell'Australia vede il termometro toccare picchi di sessanta gradi. Dopo lunghe discussioni, di comune accordo si stabilisce che l'impresa prenderà il via nel mese di aprile del 2003: finalmente!

L'aver fissato una data rende tutti euforici. Si inizia a lavorare con un entusiasmo dimenticato da tempo e non si ha più la sensazione di muoversi senza uno scopo preciso. Le energie che ciascuno impiega vengono incanalate senza dispersioni per risolvere i problemi nel minor tempo e con i migliori risultati. Purtroppo però, come spesso succede, le cose non sempre vanno come ci si aspetta e si presentano le prime difficoltà. I problemi maggiori riguardano il materiale tecnico necessario all'impresa, che ogni volta è diverso e va adattato. Dalla comunicazione satellitare all'abbigliamento, dal materiale da campo a quello fotografico e di ripresa si cercano soluzioni che garantiscano sicurezza e comfort in ogni momento, indispensabili per affrontare un deserto a piedi da soli, con un occhio sempre puntato sul requisito fondamentale: la leggerezza. L'eterna battaglia con il peso che dovrò trasportare nello zaino questa volta diventa una vera e propria fobia. Per la prima volta devo fare i conti con un limite vero, reale, al quale non sono abituata: quello della mia colonna vertebrale.

Le esperienze precedenti hanno fornito indicazioni utilissime alle aziende che lavorano con me anche sul nuovo progetto e lo studio del materiale che mi accompagnerà nell'avventura australiana si basa proprio su questi dati. Negli ultimi cinque anni, poi, si è sviluppata una tecnica notevole in alcuni settori e i minori pesi e gli ingombri ridotti di alcuni prodotti giocano tutti a mio vantaggio.

Come preannunciato, il lavoro in palestra è pesantissimo, però sembro reggerlo senza troppi problemi, a parte la grande stanchezza che sento a fine giornata. Tra poco arriverà il momento di lavorare con i carichi durante la marcia sul tapis roulant; nel frattempo continuo gli esercizi di potenziamento muscolare sollevando pesi di tutto rispetto senza risentirne in alcun modo. Ogni seduta di allenamento è un capolavoro di concentrazione anche da parte di Franco, senza mai una pausa di relax per commenti e battute che non siano strettamente legati agli esercizi sui quali stiamo lavorando. L'affiatamento raggiunto è tale che bastano un gesto, uno sguardo per capire cosa fare e come. Nessuno, a parte la mia famiglia e i medici, è al corrente del dramma che sto vivendo e il mio allenatore si dimostra bravissimo a difendere il segreto.

Lentamente acquisisco di nuovo sicurezza, anche se sono costretta a modificare le mie abitudini. Imparo a controllare ogni movimento del corpo per evitare di sottoporre la schiena a traumi o tensioni improvvise quando mi alzo dal letto. Le parole di Franco mi perseguitano: «Piegati sulle ginocchia quando ti abbassi e sollevi pesi, rannicchiati sul fianco prima di alzarti, usa la fascia se devi fare lavori pesanti! » Lentamente quella che sembra essere diventata un'ossessione si trasforma in abitudine e non ci faccio neanche tanto caso, l'importante è stare bene e non combinare guai.

Non dimenticherò mai il primo giorno di lavoro in palestra con lo zaino pieno di bottiglie d'acqua. Per settimane mi sono preparata psicologicamente a quella che ormai nella mia testa ho identificato come la prova del fuoco, ma con l'avvicinarsi della partenza ho cominciato a soffrire. Mi sveglio nel pieno della notte e rimango ore e ore rannicchiata nel letto a pensare a quello che può succedere alla mia schiena. Immagini di ogni tipo mi danzano davanti agli occhi, la più ricorrente è quella del rumore di uno schianto secco, quello della colonna vertebrale che si spezza sotto il carico insieme alle mie speranze.

Dopo aver legato stretta la fascia di sostegno in vita, aspetto immobile sul tapis roulant che Franco mi aiuti a caricare lo zaino sulle spalle. Rivoli di sudore scorrono sul corpo, ma non sono di fatica. Chiudo gli occhi mentre infilo le braccia negli spallacci e aspetto l'inevitabile. Di colpo sento diciotto chili di peso premermi addosso. « Tutto bene? » La voce di Franco arriva a interrompere la trance nella quale sono caduta: « Attenta che parte, iniziamo piano, poi aumento la velocità e la pendenza, tranquilla ». Ho paura a muovere le gambe, temo il peggio, ma devo farlo. Incomincio a camminare, tesa e concentrata, poi lentamente mi rilasso e prendo un'andatura più naturale. Sono quasi stupita di quello che sto facendo, sembra di vivere in una fiaba. Mi viene da sorridere, giro la testa e vedo Franco. Sta sorridendo anche lui, con il pollice alzato.

Quando tutto sembra andare per il meglio...

Tutto sembra andare per il verso giusto, anche la visita di controllo dal neurochirurgo conferma il miglioramento. La schiena si sta comportando bene e questo aiuta il morale a mantenersi su buoni livelli. La strada verso l'Australia non è più un sentiero ripido e pieno di ostacoli ma, giorno dopo giorno, sta assumendo l'aspetto di un viale ampio e spianato. Restano ancora molte questioni irrisolte e neanche tanto semplici però, considerando la storia passata, rientrano in quella che si può definire una difficile normalità. Quando sembra che nulla più possa alterare l'equilibrio ormai raggiunto, succedono due eventi diversi ma simili nella loro drammaticità. Il primo è strettamente personale e colpisce ancora una volta la mia famiglia: dopo la mamma, viene a mancare anche mio padre, il grande patriarca. Anche se ormai ogni forma di comunicazione tra lui e il resto del mondo si era interrotta da anni a causa della sua malattia, rappresentava pur sempre un punto di riferimento per me e Italo, mio fratello. Ci rendiamo conto che i ruoli sono cambiati. Da figli siamo diventati d'un tratto orfani e capostipiti a nostra volta. La perdita dei genitori però ha un risvolto positivo: ci ritroviamo vicini, dopo anni di vite differenti anche se mai in contrasto. Sembra quasi che mamma e papà abbiano deciso, da lontano, di farci tornare uniti come eravamo da bambini, riscoprendo interessi e passioni comuni.

Il secondo evento è a livello mondiale. Scoppia la guerra in Iraq e l'attenzione del mondo intero si sposta sul conflitto bellico. Ogni altro avvenimento diventa marginale, non avrebbe senso ostinarsi a far partire l'impresa in simili condizioni. Un breve giro di consultazioni con gli sponsor conferma che la loro opinione in proposito coincide con la mia e quindi si decide di comune accordo di spostare la data di partenza. Aprile rimane il periodo migliore e le temperature nella zona del deserto sono ideali per muoversi a piedi, ma non possiamo certo rimandare tutto al prossimo anno! L'unica soluzione possibile è quella di provarci dopo il freddo inverno australe, sempre che la situazione in Iraq lo consenta. Settembre resta l'unica alternativa a disposizione, a patto di partire al più presto, entro i primi giorni del mese, per evitare di finire nel grande caldo di un'estate per noi inimmaginabile.

Mio malgrado sono costretta a dare la notizia in via ufficiale e mi preparo alle conseguenze del nuovo rinvio. Con la massima serenità cerco di valutare se questi continui ostacoli siano delle prove insite nell'impresa oppure non nascondano un silenzioso messaggio per farmi desistere, quasi un avvertimento a fermare tutto, a farmi capire che, no, l'Australia non va fatta, è troppo pericolosa. Devo anche capire se questa ostinazione ad andare avanti tra mille difficoltà non stia diventando un puntiglio personale e una sfida cieca. È necessario fermarsi e riflettere con la massima obiettività per ragionare su quanto sta succedendo, senza lasciarmi condizionare dagli altri. Come sempre, quando devo fare un lavoro di ricerca interiore, ho bisogno di stare da sola per trovare la concentrazione necessaria. Non posso sperare di farlo a Milano, fra telefoni impazziti e collaboratori altrettanto agitati. Saluto tutti e me ne vado tre giorni in montagna, da sola. Poche ore sono sufficienti a ripulirmi l'anima e a ritrovare l'equilibrio dimenticato da troppi mesi. Per prima cosa, scopro l'aspetto positivo del rinvio: più mesi a disposizione vuol dire verificare con calma le attrezzature e organizzare il sopralluogo senza corse angoscianti contro il tempo, ma soprattutto prolungare la preparazione fisica e quindi aumentare la resistenza del corpo alla fatica. Poi decido di mettere un paletto: si va avanti fino a settembre, se però non sarà possibile partire neppure allora chiudo il progetto e abbandono il sogno australiano. Torno a casa e informo tutti della decisione presa, senza deroghe. Adesso non resta altro che aspettare.

In aereo

La persona seduta accanto a me dorme da ore, nonostante il rumore, le voci degli altri passeggeri e le luci accese. Quasi sentisse il mio sguardo puntato addosso, Daniele apre gli occhi ancora appannati dalla stanchezza e si gira a guardarmi. «Hai dormito?» chiede, più per abitudine che per curiosità.

«Poco», rispondo, nonostante per tutto il viaggio sia stato come galleggiare in un torpore a metà tra sonno e veglia. Anche se amo volare e non soffro i lunghi viaggi da un capo all'altro della terra, incomincio a sentire il bisogno di arrivare a destinazione per potere finalmente camminare e respirare all'aperto. Di comune accordo è stato deciso che il sopralluogo l'avremmo fatto insieme, Daniele e io. Entrambi dovremo capire nel poco tempo a disposizione come strutturare l'impresa e la sua durata approssimativa.

L'impatto con il continente australiano è sorprendente. Appena lasciata Sidney con un aereo diretto ad Alice Springs, siamo proiettati in una dimensione di spazio e di solitudine che ha dell'incredibile per noi europei. Il termine outback non è solo una parola per definire il territorio desertico, ma diventa sinonimo dell'Australia, dove sono gli spazi abitati a esigere un termine per identificare se stessi.

L'aspetto da avamposto di frontiera della cittadina capitale della cultura aborigena è affascinante e inquietante insieme. Sembra di tornare indietro nel tempo di trenta, quarant'anni in un misto di tradizione e di comfort dei nostri giorni.

In questo luogo indefinito vivono e si spostano intere famiglie e gruppi di aborigeni, a prima vista senza meta, dove l'incontro tra passato e presente si fonde in una realtà apparentemente priva di futuro. Nonostante le palesi contraddizioni, tutto rientra in un'armonia quasi perfetta che fa di Alice Springs una cittadina unica al mondo, la cui periferia è già un selvaggio, rosso deserto. È sufficiente allontanarsi solo di pochi chilometri dal centro abitato per immergersi nella realtà del paese dominato dal deserto e da grandi spazi. A tratti incontriamo gruppi di canguri, che ci osservano a pochi metri di distanza dal bordo della strada che stiamo percorrendo. Sono fermi sotto le macchie d'ombra di alcuni piccoli alberi e, quando tentiamo di avvicinarci per osservarli meglio, si allontanano saltellando per fermarsi nuovamente poco più avanti.

Percorriamo centinaia di chilometri tra polvere e sabbia senza incontrare anima viva, poi, nel superare una salita tra due pareti di roccia rossa, un branco di cavalli selvatici ci taglia improvvisamente la strada. Facciamo appena in tempo a fermare il fuoristrada quando passano a pochi metri davanti a noi galoppando tutti insieme... saranno almeno una ventina. Il giorno seguente un violento acquazzone in poche ore trasforma le piste in profondi solchi di fango e diventa difficile riuscire ad andare avanti. Il nostro automezzo sbanda pericolosamente e affonda nel pantano; quando arriviamo al primo punto di ristoro sul percorso, ci avvertono che la pista verso il deserto è stata chiusa. In Australia tutto è organizzato alla perfezione: i distributori di benzina e i punti di ristoro indicati dalle carte si trovano senza fatica e sono sempre efficienti e perfettamente funzionanti. Apparentemente sembrano persi nel nulla e invece eccoli proprio lì dove devono essere, sembrano parte integrante della natura che li circonda. L'incontro con altri esseri umani ogni volta è una sorpresa. Ovunque ci accolgono con sorrisi, frasi di benvenuto e un'allegria contagiosa, perfino sospetta se non fosse così spontanea. «Ma come fanno a vivere tanto isolati ed essere così socievoli?» continuo a chiedermi.

La pista chiusa ci costringe a una lunga deviazione per raggiungere Dalhousie Spring, la località che indica l'inizio del Simpson Desert e dalla quale dovrei partire. Durante i campi le temperature notturne scendono sotto zero, e il freddo penetra nella nostra tenda; il ricordo delle gelide notti nel deserto cinese mi riporta alla mente quanto ho sofferto nelle lunghe ore da sola là in mezzo e spero tanto di non essere costretta a ripetere un'esperienza simile.

Arriviamo a Dalhousie quasi senza rendercene conto: l'unica abitazione che vediamo è quella dei ranger ma non c'è nessuno. Ancora una volta siamo sorpresi: dopo giorni e giorni che ci muoviamo in questo continente non ci siamo ancora abituati alla realtà di un luogo così incredibile. Quando capita di arrivare in una località che sulla carta geografica è indicata come un importante centro abitato, tutto quello che troviamo sono una o due case; ma il massimo è se ci capita di raggiungere luoghi segnalati con simboli che da noi stanno a indicare cittadine di qualche decina di migliaia di abitanti: scopriamo che qui tutto si riduce a quattro mura coperte da una tettoia di lamiera.

La prima impressione nel trovarmi davanti al Simpson è quasi neutra, forse perché da quando siamo arrivati in Australia non abbiamo visto altro che deserto e anche qui il panorama è simile a quello attraversato fino a oggi, perfino monotono. Basta però avventurarsi per pochi chilometri per capire che qualcosa sta cambiando. La sabbia, spessa e soffice, si trasforma subito in una trappola, e il primo insabbiamento è drammatico. Per ore lavoriamo intorno al nostro fuoristrada per riuscire a liberarci e in questo modo ho l'opportunità di prendere contatto con il Grande Sconosciuto. Nonostante sia inverno, durante il giorno fa piuttosto caldo e il colore rosso del terreno sotto il sole confonde la vista; il panorama è punteggiato quasi ovunque da bassi cespugli spinosi che crescono nella sabbia e che registro subito come un pericolo: sono gli spinifex e sembrano fatti apposta per fornire un rifugio ai serpenti. Involontariamente mi graffio una mano con le spine: subito la pelle inizia a bruciare e nel giro di pochi minuti le punture si gonfiano.

Mi accorgo che anche Daniele è preoccupato, forse si aspettava un ambiente meno difficile, per la squadra di supporto non sarà semplice muoversi su questo terreno. Dalle informazioni che abbiamo raccolto, siamo venuti a sapere che in tutto il deserto non c'è acqua e il grosso lavoro dei miei compagni sarà proprio quello di organizzare dei rifornimenti per farmela trovare regolarmente: spostarsi in un ambiente così inospitale sarà una complicazione in più per loro.

«Se fosse così facile, l'avrebbero già attraversato in tanti», borbotto tra me per farmi coraggio, d'altra parte fino a quando non mi metto in gioco è impossibile sapere se ci sono probabilità di riuscita.

Ayers Rock

Dopo una settimana ritorniamo ad Alice Springs con il nostro bagaglio di informazioni preziose sul deserto ma anche con nuove preoccupazioni: ci aspetta un periodo di grande impegno fino al momento della partenza.

Aspettando l'aereo che ci riporterà in Italia, dedichiamo l'ultimo giorno a un pellegrinaggio dovuto: la visita al monolito di Uluru, o Ayers Rock, la montagna sacra degli aborigeni. Lo stesso Simpson Desert confina con una grande riserva aborigena e appartiene alla storia di questo fantastico popolo, signore indiscusso dei grandi spazi australiani. Ancora oggi si sente l'eco delle loro leggende. I Northern Territory sono la regione in cui la cultura e la presenza aborigena sono presenti più che in qualunque altro luogo in Australia.

La cultura aborigena australiana è nata circa sessantamila anni fa ed è una delle più antiche che ancora sopravvive. Prima dell'arrivo degli europei, due secoli fa, il popolo aborigeno occupava l'intero continente e buona parte delle isole intorno e i circa settecento diversi gruppi aborigeni parlavano ben duecentocinquanta lingue. Nel corso della loro lunga storia alcuni gruppi si sono evoluti per adattare il proprio stile di vita ai cambiamenti ambientali succedutisi durante i secoli, senza tuttavia dimenticare le loro radici più profonde. Le tradizioni si tramandano con cerimonie e rappresentazioni rituali, e sopravvivono attraverso movimenti artistici e culturali che stanno diffondendosi sempre più anche nei paesi occidentali; l'espressione dell'arte aborigena sta assumendo una grande importanza non solo artistica ma anche economica, e si sta rivelando un utile contributo al sostentamento delle comunità che in numero sempre maggiore vengono coinvolte nel processo di integrazione.

Attualmente circa il venticinque per cento della popolazione dei Northern Territory, vale a dire cinquantamila persone, è costituito dagli aborigeni e il cinquanta per cento delle terre è di loro proprietà. I romanzi di successo che si ostinano a presentarci gli aborigeni come esseri primitivi vestiti di pelli e che si nutrono di bacche e radici dimenticano che la realtà è ben diversa. Si sta facendo molto nel paese per tutelarne gli interessi e per aiutarli a valorizzare la loro immagine nei confronti del resto del mondo: la diffusione delle differenti forme di arte tribale ne è una delle prove più concrete.

I gruppi definiti tradizionali oggi abitano in case semplici e si dedicano alla cura del bestiame e della terra, però dispongono quasi sempre di un televisore se non addirittura di un computer per mantenere i contatti con l'altra parte del mondo.

La visita a Uluru rimane impressa per sempre nella memoria. L'impatto visivo suscita un'emozione che non può lasciare indifferenti e sembra sprigionare un'energia senza confini di razza e di tempo. Quando mi avvicino noto una lunga colonna di turisti impegnati a risalire una parete, aggrappati a una corda che funge da corrimano, mentre un cartello avverte che il ricavato di tale attività va a esclusivo beneficio della comunità aborigena. Alla base del monolito però si legge un avviso che suona più o meno così: «Gli aborigeni accettano che la loro montagna sacra venga scalata ma non lo gradiscono». Mi guardo bene dal farlo: la vena scaramantica che c'è in ciascuno di noi più che mai emerge in me in questo momento e, considerata la prova che dovrò affrontare tra qualche mese, preferisco non andare contro i principi che governano gli equilibri di questo luogo. Sono ospite qui e, in quanto tale, sono tenuta a comportarmi con il dovuto rispetto verso i padroni di casa.

Ancora preparativi

Ritorniamo in Italia con una quantità di informazioni preziose sul deserto e consapevoli della grande mole di lavoro che ci aspetta. Adesso tocca a Daniele il compito più delicato, ma non ho dubbi sulla sua capacità di far fronte anche a questioni così complesse. Da parte mia ho ancora da risolvere moltissime faccende lasciate in sospeso prima di partire, mentre a Oscar spetta l'organizzazione di tutto il lavoro legato alla realizzazione di immagini e filmati, fondamentali per raccontare l'impresa a chi vorrà conoscerla.

La scelta di settembre come data di partenza ha un grosso svantaggio, quello di confrontarsi con la chiusura estiva di tutte le aziende, comprese quelle che mi seguiranno tecnicamente. Tutto il materiale dovrà quindi essere pronto entro fine luglio e anche il lavoro di comunicazione sull'evento va organizzato in anticipo. Quasi all'improvviso prendo coscienza di cosa mi aspetta e allora incomincia il periodo più difficile della mia vita. La tensione è a livelli altissimi e basta poco per farmi saltare i nervi: è un'emotività quasi sconosciuta al mio carattere, che tende per sua natura a controllare le emozioni. Penso di aver insultato più persone in questo periodo di tempo che durante tutta la mia esistenza.

Ogni giorno porta con sé un nuovo e inatteso problema, che appena risolto ne genera subito un altro, in una sorta di perfida spirale. Involontariamente scatta un conto alla rovescia che scandisce inesorabile l'avvicinarsi della partenza. Nessuno è immune da questo clima di frenesia collettiva, escluse poche persone che forse per scarsa esperienza sottovalutano l'impegno e non ci si dedicano come invece dovrebbero.

A giorni verrò sottoposta a una nuova serie di test da parte della facoltà di Scienze motorie dell'Università di Milano, per verificare il livello di preparazione raggiunta e il grado di resistenza fisica del mio organismo. Come è già successo la prima volta durante la preparazione per il Taklimakan, sono seguita in modo scientifico, questa volta grazie all'interessamento personale del professor Veicsteinas, titolare della cattedra di fisiologia. In qualità di direttore dell'Istituto di Esercizio fisico, salute e attività sportiva mi ha studiato insieme ai suoi collaboratori fin dall'inizio della preparazione con esami e prove fatte in laboratorio: i risultati ottenuti fino a oggi sono stati più che incoraggianti e hanno evidenziato un'ottima risposta da parte del mio corpo. Quello che la ricerca del professor Veicsteinas si propone è di dimostrare in modo scientifico che ogni essere umano, indipendentemente dall'età, può mantenere un livello di forma perfetto grazie a una regolare attività fisica e a un'alimentazione appropriata. In poche parole, non è necessario essere campioni per stare bene, basta soltanto nutrirsi correttamente e muoversi il più possibile. I test che devo superare sono gli stessi ai quali vengono sottoposti gli atleti impegnati in competizioni agonistiche: sono faticosi ma non impossibili. Mi preparo all'incontro con il professore: sono calma e serena anche se non do per scontato l'esito della prova. Anche in questo caso l'atteggiamento positivo aiuta ad affrontare l'esame che più di ogni altro avvierà in modo definitivo l'impresa: il mio passaporto per l'Australia. L'espressione soddisfatta del professore conferma che tutto sta andando per il meglio. Anche lui si è appassionato all'avventura e il suo coinvolgimento emotivo è un ulteriore stimolo a lavorare con impegno. Dopo due ore di esercizi, durante le quali la sua équipe di collaboratori ha inserito in computer e poi analizzato una serie di dati sotto lo sguardo attento di un gruppo di studenti, in modo molto professionale Veicsteinas illustra ai ragazzi il lavoro. Poi si rivolge a me e aggiunge: «Considerata la tua età e la risposta obiettiva alle prove alle quali ti abbiamo sottoposta, posso affermare che la tua età fisiologica è di molto inferiore a quella anagrafica». Mi vengono in mente le parole del professore che cinque anni fa mi aveva esaminato al ritorno dalla Cina. Quindi conclude in tono più amichevole: «I muscoli sono pronti, se anche la testa funzionerà bene, non vedo problemi ad affrontare il deserto. Ci rivediamo prima di partire».

Ancora allenamento

Arranco lungo il sentiero con lo zaino carico di bottiglie piene d'acqua, corde da montagna e tutto quanto serve per appesantirlo. Pioggia e sudore si mescolano in una combinazione di dolce e salato, che incolla pantaloni e camicia al corpo come una seconda pelle. Rivoli d'acqua scivolano dai capelli sul viso e lungo il collo a inzuppare ancora di più quello che ho addosso. Da due settimane sono in montagna per continuare gli allenamenti. È agosto, la palestra è chiusa e anche Franco è in ferie. Per me niente vacanze, anche se ne sento un disperato bisogno. È un'estate torrida, la più calda a memoria d'uomo e anche qui, a mille metri, si boccheggia. La pioggia, pur fastidiosa, attenua un poco la cappa di calore e di umidità. Ogni giorno cammino con il mio carico sulle spalle e penso al deserto, a quando sarò là in mezzo da sola, con lo stesso zaino, le stesse scarpe, pantaloni e camicia e forse anche con gli stessi pensieri. Controllo l'orologio del cardiofrequenzimetro che porto al polso: devo mantenere un ritmo di centotrentacinque battiti al minuto, aumento un poco l'andatura anche se il terreno scivoloso rende difficile camminare con regolarità. Per mantenere alto il ritmo cardiaco cammino quasi esclusivamente in salita, la discesa con un simile carico rischia di affaticare le articolazioni e non serve ad aumentare la resistenza. Quando sto per terminare l'allenamento, chiamo Oscar con il cellulare e gli segnalo la mia posizione. Mentre aspetto che venga a recuperarmi, mi avvicino a una strada accessibile alle auto per facilitargli il compito. Spesso arriva con la macchina fotografica o la telecamera per documentare in diretta la fatica, e mi costringe a salire e scendere infinite volte lo stesso tratto di sentiero alla ricerca dell'inquadratura perfetta. Quando lo vedo avvicinarsi imbacuccato con giacca a vento impermeabile e cappuccio, tiro un sospiro di sollievo: questa volta si va subito a casa! E invece, contro ogni logica, tira fuori l'attrezzatura e si prepara a scattare immagini, senza preoccuparsi di come sono ridotta, anzi felicissimo di poter contare su inquadrature finalmente diverse. Non ho più energie sufficienti per ribellarmi al supplizio al quale mi costringe sotto la pioggia e sono obbligata a seguirlo. Quando infine comincio a recuperare la forza per far valere le mie ragioni, senza darmi il tempo di articolare una sola parola e con un tempismo eccezionale mi allunga un asciugamano e una maglietta asciutta mentre in un attimo ripone tutto il materiale: sul viso esibisce un sorriso che disarmerebbe chiunque. Poi, con la cortesia tipica di chi si sente in colpa e vuole farsi perdonare, si dedica premuroso a sfilarmi lo zaino dalle spalle. Mi viene da sorridere: inevitabilmente anche le sue vacanze sono scandite dal ritmo degli allenamenti, tuttavia si rassegna di buon grado e accetta le regole senza lamentarsi.

L'impegno fisico che mi impongo di osservare ogni giorno è faticoso, però imparo a viverlo come una pausa ristoratrice che genera benessere e aiuta a ripulire la mente dalle tensioni accumulate nei mesi passati. Mentre cammino seguendo il ritmo scandito dal respiro, che trasporta con sé il buon odore del bosco, sento l'energia invadere ogni fibra del corpo e il suo fluido benefico diffondersi e cancellare le ombre.

Un problema inaspettato

Il telefono! A pochi giorni dalla partenza esplode un nuovo dramma. Da mesi un'importante società telefonica italiana mi aveva garantito la fornitura di due apparecchi satellitari, per i collegamenti tra me e la squadra di supporto a fronte di un notevole impegno pubblicitario da parte mia. Sicura che l'accordo fosse ormai concluso e l'impegno venisse rispettato, appena ritorno dalla montagna chiamo per sapere quando mi consegneranno il materiale. Una voce mi comunica: «Spiacenti, ci scusiamo ma gli apparecchi non sono più disponibili». Superato il primo attimo di sorpresa, salto come una molla. «Che cosa? Si rende conto di cosa sta dicendo? Parto tra due settimane e lei mi dice che non ci sono i telefoni! E io nel deserto come comunico, con i piccioni viaggiatori?» Abbasso la voce nell'estremo tentativo di ritrovare parte dell'autocontrollo residuo e per cercare di capire cosa sia successo. La voce resiste per un po' ai miei attacchi educati ma tenaci, poi finalmente rivela: «Uno è disponibile e possiamo anche mandarglielo, ma l'altro l'ha richiesto un importante dirigente: gli serve in barca». Non ci credo: la spedizione va a monte per un telefono! Sto per replicare, suggerendo cosa dovrebbe farsene il mio interlocutore del suo telefono, poi lascio perdere. Sono distrutta e delusa dalla mancanza di rispetto nei miei confronti, ma soprattutto per gli accordi commerciali presi da tempo. Nessuno è obbligato a sposare la mia causa, ma non sopporto chi si comporta in modo scorretto.

Più che un dramma, quello del telefono satellitare si trasforma in angoscia. Non ci voleva proprio. Ci siamo illusi che tutto fosse pronto ed ecco che una nuova tegola arriva senza preavviso; sembra quasi il disegno di un genietto malefico che si diverte a perseguitarci fino all'ultimo istante. Lo sconforto prende il sopravvento, è difficile trovare il lato positivo in questa storia, non provo neppure a cercarlo. Seduta davanti al telefono – ironia della sorte! – con la testa tra le mani mi concentro per trovare una soluzione a pochi giorni dalla partenza. Un pensiero si fa strada: vuoi vedere che il limite vero, quello che non ho ancora conosciuto ma che ha il potere di fermare tutto, non si trova nel deserto ma qui, nel quotidiano? Nel paradosso del luogo in cui ci sentiamo più sicuri, dove abita la presunzione di avere sotto controllo ogni istante della nostra esistenza, ci scontriamo con la realtà della linea estrema oltre la quale a noi, piccoli esseri umani, non è permesso arrivare. Ecco qual è il lato positivo della faccenda: scoprire finalmente dove si nasconde il limite.

Ancora oggi, se ritorno con il pensiero ai fatti che ho appena raccontato, mi vengono i brividi. Ciascuno di noi dovrebbe ogni tanto spendere qualche ora del proprio tempo a tracciare un bilancio della propria esistenza, a ripercorrerne con calma avvenimenti ed episodi anche banali. Ci accorgeremmo che le soluzioni ai problemi, anche i più semplici, spesso sono frutto di eventi strani, al limite del paranormale e privi di spiegazioni razionali. Quello che è capitato a me lo dimostra.

Sfogo la mia angoscia con Anna e Rosanna di Ferrino, care amiche da sempre. Durante il colloquio fanno un nome: è quello di Edi Orioli, campione di motociclismo che conosco da tempo e che come me è innamorato del deserto. Mi consigliano di chiamarlo al telefono e in poche parole gli racconto la storia. Disponibile come sempre, mi informa che il satellitare che usa durante le gare nei deserti gli viene fornito da una ditta del Nord Europa. Certo il tempo a disposizione è poco e anche le speranze di ottenere qualcosa, lui stesso lo conferma, però... perché non tentare?

Prendo subito contatto con l'ufficio di Milano e chiedo di parlare con il titolare. In un attimo valuta la situazione e nel giro di poche ore parla con i responsabili della casa madre esponendo il mio caso e mi fissa subito un appuntamento. Sono colpita dalla rapidità e dall'efficienza di una persona che neppure conosco. Ci incontriamo nel suo ufficio e l'impressione trova conferma. Chiede una settimana di tempo per darmi una risposta, invece dopo pochi giorni succede l'impossibile: gli apparecchi Iridium ci sono e sarà una ditta di telefonia danese a mettere a disposizione il telefono satellitare.

I pochi giorni che mancano alla partenza per l'Australia sono frenetici. Lavoro giorno e notte per riuscire a coordinare tutte le tessere di un puzzle sempre più complicato e difficile da far quadrare. L'organizzazione in Australia fa capo a Daniele affiancato come sempre da Oscar e qui sono abbastanza tranquilla. Ormai il loro affiatamento è collaudato e sono certa che saranno in grado di far fronte a ogni emergenza. Più delicato invece è il compito del team che lavorerà in Italia e che dovrà seguire l'evento in tempo reale, compatibilmente con la differenza di nove ore del fuso orario. In base alle comunicazioni che dovrebbero arrivare ogni giorno dall'Australia via e-mail e telefono, il loro impegno sarà quello di mandare on line gli aggiornamenti e il diario della traversata e contemporaneamente tenere i contatti con stampa, radio e televisione, che seguiranno in diretta l'impresa insieme agli sponsor. Inoltre andrà letta la posta elettronica per rispondere a tutti gli amici e sostenitori che vorranno avere notizie. Questa volta il miracolo ha un nome: Luisella.

La nostra amicizia non è di quelle nate sui banchi di scuola, ma in poco tempo è diventata un legame prezioso. Tutte e due mogli di medici, ci conosciamo da tanti anni ma il vero incontro è avvenuto in aeroporto, quando ci siamo trovate entrambe ad accompagnare i rispettivi mariti in partenza per una missione umanitaria di Medici del Mondo presso un ospedale in Tanzania. Giorno dopo giorno, l'entusiasmo di Luisella per l'impresa australiana si è tramutato in una collaborazione senza riserve e da amica è diventata il pilastro portante nella macchina organizzativa. Con calma e determinazione, si è fatta carico di una mole di lavoro impressionante. È stato soprattutto grazie al suo impegno se sono riuscita finalmente a partire con quel minimo di serenità necessaria per intraprendere una spedizione tanto impegnativa.

Ultimi momenti

Le immagini scorrono su una pellicola vista mille volte ma sempre attuale, con emozioni che si avvicendano senza soluzione di continuità. Voci, parole, visi di parenti, di amici e di conoscenti, di collaboratori che riempiono ogni istante del tempo che mi separa dall'ora zero, tutti che vogliono salutare, sapere, accompagnarmi con il pensiero e con il cuore fin dove riescono a spingersi. Alla conferenza stampa ci sono proprio tutti, con gli occhi lucidi e tanti sorrisi, mani che applaudono e mani che mi accarezzano, che si allungano in una stretta calorosa o in un gesto augurale, in abbracci affettuosi. Vedo Max accanto a mio fratello, entrambi commossi fino alle lacrime. Ognuno dei presenti sa quanto ho lottato e sofferto per arrivare fin qui e sono venuti a dimostrarmi il loro affetto, a regalarmi questi ricordi che porterò con me nel deserto e che mi aiuteranno più di ogni altra cosa ad andare avanti.

Questa volta sull'aereo diretto in Australia insieme a me e Daniele c'è anche Oscar. Se da un lato la partenza segna l'inizio cronologico dell'impresa, per quanto mi riguarda ha il sapore della fuga. Fuga dalla follia e dalle angosce che per mesi hanno accompagnato ogni attimo della mia esistenza e che hanno rischiato di minare pesantemente il mio equilibrio psicologico e fisico risucchiando lentamente ogni residuo di energia. Ho lasciato finalmente alle spalle anche le tante notti insonni, le incertezze e lo sconforto. Mi sento svuotata, priva di forze. Mentre allaccio la cintura, penso con soddisfazione perversa alle molte ore di viaggio che mi aspettano e che mi daranno il tempo per recuperare almeno una parte delle energie consumate fin qui, allungando la pausa che separa il periodo di preparazione da quello della partenza per l'avventura. Mi chiedo se anche per i miei compagni di viaggio è così. Fortunatamente aspetto un attimo prima di esprimere a voce alta i miei pensieri perché, quando mi giro verso di loro per parlare, incrocio lo sguardo di Oscar e dall'espressione stampata sulla sua faccia leggo l'esatto contrario. L'aereo non ha avuto neppure il tempo di staccarsi da terra, che incomincia a sbuffare e a guardare l'orologio con aria insofferente in aperto contrasto con Daniele, seduto accanto a lui che al solito è già sprofondato nel suo mondo dei sogni. Prima di chiudere gli occhi e abbandonarmi finalmente pure io al benefico torpore della stanchezza, rifletto su quanto sono fortunata ad averli accanto a me anche in questa circostanza. Sono consapevole che la mia sicurezza è nelle loro mani e proprio per questo so di poter contare in ogni istante sulla capacità che hanno dimostrato in tante occasioni di superare ogni tipo di ostacolo, grazie soprattutto alla passione per l'avventura che accomuna tutti noi, ma ancora di più grazie al loro innato spirito di iniziativa e al grande affetto che ci unisce.

All'aeroporto di Perth, troviamo ad attenderci Marco, milanese che da anni vive in questa bellissima città australiana e che ha già diffuso la notizia del nostro arrivo. Per la sera stessa ha organizzato una cena insieme al console italiano. Siamo sorpresi quando ci troviamo davanti a una giovane donna, molto carina e simpaticissima, del tutto informale e curiosa di conoscere i particolari della nostra avventura. Ci comunica che l'indomani, prima di proseguire il viaggio verso la nostra destinazione, avrò un incontro con la stampa e alcuni giornalisti di testate radiotelevisive in lingua italiana. Spiega che la comunità italiana presente a Perth è piuttosto numerosa e ben organizzata e che tutti sono orgogliosi di sapere che una loro connazionale si sta preparando a una prova mai tentata prima da una donna. La mattina seguente, non senza emozione, racconto in diretta e nella nostra lingua cosa mi sto preparando ad affrontare e termino con un saluto affettuoso a tutti gli italiani in Australia, ben sapendo quanto sia importante per chi vive all'estero mantenere un legame con il proprio paese di origine.

Il calendario ci ricorda che siamo già a metà settembre, dobbiamo continuare il nostro viaggio per raggiungere al più presto Alice Springs. La stagione estiva è ormai vicina e l'arrivo imminente del grande caldo domina il pensiero di tutti. Ci aspettano giorni faticosi di lavoro per organizzare tutto il materiale necessario alla spedizione e per i rifornimenti d'acqua e di cibo. Dopo, sarà solo deserto.

Se c'è un momento nella storia delle imprese che si può definire difficile e delicato è il periodo che si colloca fra l'arrivo sul posto e la partenza. Ciascuno di noi è consapevole che basta anche una piccola dimenticanza o distrazione durante questa fase dei preparativi per vedere moltiplicarsi in modo esponenziale gli effetti negativi. I deserti hanno il grosso svantaggio di trovarsi lontanissimi da ogni centro abitato e la più piccola svista o dimenticanza, che in condizioni normali sarebbe del tutto irrilevante, qui rischia di trasformarsi in un ostacolo insormontabile. Controlliamo per l'ennesima volta ogni singola voce negli elenchi, spuntata già in Italia fino alla paranoia, segnando tutto quanto manca e dovremo acquistare qui: rifornimenti alimentari, materiale da campo, attrezzature e carburante per le auto, acqua, medicinali e prodotti per l'igiene personale. L'obiettivo è riuscire a essere completamente autonomi e in grado di far fronte a ogni necessità ed emergenza per tutto il periodo previsto nel deserto, circa un mese. Per motivi di sicurezza, ci teniamo un margine di altre due settimane.

Tutte le apparecchiature tecniche arrivate con noi dall'Italia vengono esaminate e provate fino alla nausea per evitare brutte sorprese, anche se per esperienza sappiamo bene che qualcosa può sempre andare storto. Come ho fatto anche le altre volte, segno su un taccuino i promemoria d'uso degli strumenti che verranno con me nello zaino, una precauzione necessaria soprattutto per quegli apparecchi che non adopero abitualmente. Nel corso della traversata spesso la mente è talmente presa a superare le difficoltà per sopravvivere che non riesce a sintonizzarsi subito nella soluzione di nuovi problemi. È come se il cervello fosse diviso in tanti compartimenti stagni. Questa difficoltà è tipica della prima fase, quella dell'ambientamento, che richiede un grande impegno psicologico e fisico per adattarsi a una condizione ancora sconosciuta. Poter contare su degli appunti è un'ulteriore garanzia di tranquillità e sicurezza.

La grande incognita è rappresentata ancora una volta dai telefoni. Fra tutti i luoghi della terra, l'Australia rientra nell'elenco delle zone in cui la copertura satellitare non è pienamente assicurata e soprattutto nel Simpson Desert. Gli apparecchi che abbiamo a disposizione sono garantiti anche in questa area ma per funzionare correttamente è necessario sottoporli a procedure di impostazione non proprio semplici. Dopo una giornata intera spesa in tentativi senza risultato, ci rendiamo conto che il periodo di sosta previsto ad Alice Springs prima della partenza è insufficiente per risolvere il problema. Il telefono rappresenta il cordone ombelicale che mi terrà legata al resto del mondo, l'unico strumento per comunicare con i miei compagni e per far conoscere la posizione nella quale mi troverò ogni giorno, la mia polizza vita; fino a quando non saremo sicuri che gli apparecchi funzionino alla perfezione, da qua non ci muoviamo. Il rinvio della data di partenza ci spinge verso la stagione calda ed è motivo di nuove ansie, però siamo tutti d'accordo: la comunicazione ha la priorità su ogni altra faccenda.

Outback

Abbiamo lasciato Alice Springs solo poche ore fa ma è come se fossero passati anni dal momento della partenza. Viaggiare nell'outback australiano equivale a spostarsi in uno spazio indefinibile, un posto dove il presente rimane l'unico riferimento sicuro.

Decidiamo di fermarci per sgranchire le gambe anche se nessuno di noi in realtà ha voglia di abbandonare il comfort dell'aria condizionata. Il calore ci investe subito e l'impatto, accentuato dal contrasto con il fresco dell'auto, è così forte da togliere il fiato, e mi riporta per un istante con il ricordo al deserto del Tenéré. In poco tempo il termometro sale a 50 gradi. Per effetto del caldo e del sole la nostra pelle non riparata dai vestiti si prosciuga in un attimo come se fosse investita dall'aria di un asciugacapelli e incomincia rapidamente a seccarsi. Eccolo, il grande caldo del deserto australiano tante volte nominato e immaginato! Non ha ancora raggiunto i picchi delle temperature estive, quelle che rendono impossibile qualsiasi attività, però è sufficiente a creare problemi. A differenza del Tenéré questa volta non potrò contare su Aorat, il mio capriccioso dromedario bianco, che pur bizzoso e intrattabile mi ha permesso di andare avanti anche con temperature superiori. Qui dovrò arrangiarmi da sola, e con tutto il carico sulle spalle diventerò a mia volta un cammello.

Raggiungiamo Dalhousie Spring a tappe forzate che ricorderemo per il caldo e il rosso della sabbia, ciascuno preso dai propri pensieri, che poche volte si trova il coraggio di raccontare. Sapevamo benissimo che rimandare l'impresa fino a oggi ci avrebbe messi davanti alle difficoltà e ai problemi di una stagione più sfavorevole rispetto a quella scelta in precedenza, però solo adesso ne prendiamo realmente coscienza e ognuno di noi, come per un tacito accordo, sceglie di chiudersi per esorcizzare da solo le preoccupazioni che assalgono tutti.

È sera quando, dopo aver montato il campo, ci ritroviamo seduti intorno al tavolo per un piatto di pasta e per dare finalmente libero sfogo alle parole che per tutto il giorno non ci siamo detti e al desiderio di chiarire i dubbi di ognuno. Spetta a me il compito di calmare i miei compagni; capisco che sono preoccupati per la mia sicurezza e ne hanno tutte le ragioni, ma forse il vedermi serena e rilassata può essere d'aiuto anche a loro. Andiamo avanti a discutere per ore, infine la stanchezza prende il sopravvento e tutto viene rimandato a domani, quando arriverà Don Rowlands, la nostra guida aborigena con la quale abbiamo appuntamento proprio qui a Dalhousie. Dopo mesi di difficili contatti telefonici e via e-mail, siamo curiosi di vederlo. Ci siamo parlati al telefono per la prima volta quando Daniele e io eravamo in Australia per il sopralluogo. Nessuno meglio di lui sa come muoversi in questo deserto e ci è stato descritto come la persona più affidabile per organizzare e gestire il lavoro della squadra di supporto, come l'unico in grado di affrontare e risolvere le incognite di questa impresa che si sta dimostrando sempre più complicata. Senza bisogno di dirlo, tutti e tre facciamo affidamento su di lui per renderci conto di quali siano le vere difficoltà che ci aspettano nel deserto e per sapere se sarò in grado di superarle da sola. Ricordo ancora la sua sorpresa quando, durante il primo colloquio, è venuto a sapere della mia intenzione di attraversare il Simpson a piedi da sola. In quell'occasione mi ha confermato che l'unico ad averlo fatto qualche anno prima era stato un uomo, un tibetano.

Il mattino seguente, mentre stiamo consumando una rapida colazione, da una nuvola di polvere emerge un pick-up stracarico di attrezzature di ogni genere che punta dritto verso di noi. Appena si ferma vicino al nostro campo, ne scende un uomo alto e molto robusto, con un grande cappello di pelle a tesa larga, il caratteristico copricapo australiano, che solo in parte copre un bel viso scuro rischiarato da un sorriso aperto e cordiale. Un vocione in armonia con il resto del personaggio a cui appartiene annuncia al mondo che è arrivato Don. Durante le presentazioni, ci osserviamo a vicenda e subito si stabilisce tra noi una corrente di simpatia. Leggo il sollievo negli occhi dei miei compagni rincuorati dall'aspetto e dalla sicurezza emanati dall'uomo che abbiamo davanti e con il quale si muoveranno nel deserto. Due occhi sorridenti mi fissano curiosi e quasi increduli: anche lui come Jin, la guida cinese che ci ha accompagnati nel Taklimakan, stenta a credere che sia io la donna che tenterà per prima di attraversare il Simpson. Se fossi al suo posto farei lo stesso, penso fra me mentre ricambio il sorriso e a mia volta lo osservo con l'intenzione di cogliere nel suo viso i tratti somatici caratteristici degli aborigeni i quali però si scorgono solo in parte per il colore scuro della pelle. Lo invitiamo a unirsi a noi per fare colazione e lui, in segno di ringraziamento, prende da un refrigeratore caricato sul cassone del pick-up alcune birre gelate che ci mette sul tavolo, poi ne apre una e incomincia a bere indicandoci le altre. Si stupisce quando vede che non facciamo lo stesso ma alle otto del mattino è difficile pensare a una birra, preferiamo tè e caffelatte! L'arrivo di Don porta una carica di ottimismo preziosa a risollevare il morale del gruppo; in principio siamo sconcertati dalla sua calma al confine con l'indolenza ma dobbiamo ricrederci e riconoscere che in realtà maschera una grande sicurezza ed efficienza. Conosce ogni segreto del territorio nel quale ci troviamo e in poco tempo fornisce informazioni preziose per muoversi all'interno del deserto.

L'intera giornata trascorre nel delicato lavoro di pianificare ogni istante del periodo di tempo che trascorreremo nel Simpson. Don conferma quello che già sappiamo: lungo tutto il percorso non esistono pozzi o punti d'acqua e quindi si devono organizzare dei rifornimenti. Aggiunge poi che l'acqua bisogna caricarla qui a Dalhousie, l'ultimo posto dove se ne trova ancora in abbondanza e portarsela dietro per tutta la traversata. Viene deciso che subito dopo la mia partenza i fuoristrada si muoveranno per precedermi, in modo che la squadra possa incominciare subito a collocare i rifornimenti. Le auto potranno spostarsi solo seguendo la French Line, la pista che attraversa il Simpson, mentre io cercherò di tagliare il più possibile verso sud nel tentativo di accorciare il percorso. Per lasciarmi l'acqua, i miei compagni saranno costretti ad abbandonare a turno le auto e a inoltrarsi a piedi. Stimiamo che la distanza che separerà me da loro sarà costantemente compresa tra i settanta e gli ottanta chilometri. Mentre per l'ennesima volta gli altri ripassano insieme il percorso tracciato sulla mappa, io ne approfitto per allontanarmi e preparare da sola il mio zaino. Anche se in realtà tutto è già stato deciso in anticipo, quello dello zaino è un rituale che racchiude in sé un significato ben definito: rappresenta simbolicamente il distacco dalla vita sociale per entrare in una nuova realtà dominata dalla solitudine, dove la capacità di rendersi autonomi diventa una componente essenziale. Ogni gesto viene registrato nella memoria di quel meraviglioso computer che è il cervello umano, capace di fissare l'immagine di ciascun oggetto all'interno di uno schema mentale subito disponibile per essere visionato quando servirà. Può sembrare un'operazione scontata, ma se fatta con criterio si rivela di fondamentale importanza nel momento in cui è necessario trovare rapidamente quello che si cerca in condizioni spesso al limite dell'emergenza.

Concentrata come sono nel mio lavoro, non mi accorgo subito che gli altri si sono zittiti e solo quando alzo la testa dallo zaino lo vedo, a pochi metri di distanza: è un dingo, il cane selvatico che vive qui nelle zone desertiche. Per un attimo penso di trovarmi davanti Madu, il cane meticcio che ha vissuto con noi per diciassette anni e che nel suo albero genealogico ha avuto sicuramente degli antenati australiani: la somiglianza è impressionante. I dingo hanno la fama di essere aggressivi, però questo sembra impaurito e l'impressione trova conferma quando faccio il gesto di lanciargli qualcosa da mangiare. Scappa via spaventato, poi capisce che nessuno lo sta seguendo e allora si ferma a guardare. Lentamente ritorna sui suoi passi, attirato dall'odore del cibo ma attento a ogni movimento sospetto. Quando trova il boccone lo afferra rapido e si allontana. Don spiega che nel deserto ne incontrerò diversi, anche se non è facile distinguerli per il colore giallo arancio del pelo che si confonde facilmente con quello della sabbia.

Un solo giorno mi separa dalla partenza, domani sarà dedicato agli ultimi controlli e a caricare le scorte d'acqua. Mentre le prime ombre si allungano sul campo, guardo là dove si stende il Simpson, uno dei più antichi deserti del mondo. Penso che solo un uomo fino a oggi l'ha percorso in solitaria e adesso toccherà a me provarci. Il buio rapido spegne anche l'ultimo riflesso sulla sabbia e lascio andare i pensieri mentre sento un brivido attraversare il corpo. Non è di freddo.

Già dall'alba il campo è invaso da un grande fermento, tutti sono impegnati a nascondere la tensione che ormai è alle stelle. Perfino Don dimentica la consueta flemma e suo malgrado viene coinvolto in ritmi a lui quasi sconosciuti. È impensabile continuare così fino a sera; con il passare delle ore l'eccitazione diminuisce e i gesti ritornano quelli di sempre.

Approfitto dell'assenza di Oscar e Daniele, impegnati con il rifornimento d'acqua, per andare a fare una nuotata nel piccolo lago che si trova dietro l'accampamento. Fa molto caldo e non vedo l'ora di rinfrescarmi. Invece di fare un tuffo scelgo di entrare lentamente, e per fortuna! Quando immergo i piedi faccio un salto indietro, l'acqua scotta! È evidente che questa bella pozza nel deserto viene alimentata da sorgenti calde... Dopo il primo momento di sorpresa, poco alla volta mi lascio andare e nuoto nell'acqua a 60 gradi.

Si parte!

L'affascinante opera del tempo si compie ancora una volta. Quello che sembrava così lontano e irraggiungibile all'improvviso è già qui, a portata di mano, quasi inaspettato. È il momento della partenza. Il campo smontato da ore, i fuoristrada carichi, i compagni che aspettano, tutto sembra immobile nell'attesa di quell'attimo che celebra anni di impegno, di delusioni e di speranze, che segna il passaggio tra due periodi, quello vissuto fin qui, che sta per concludersi, e quello da scoprire, misterioso, ignoto, che aspetta di incominciare. Sospesi tra l'uno e l'altro ci siamo noi, consapevoli di vivere un momento unico, che non tornerà mai più. Lo zaino già caricato sulle spalle, lo sguardo avanti, verso il deserto che mi aspetta, il rito si ripete ancora, sempre uguale ma diverso: questa è l'ultima volta.

C'è tempo per un altro abbraccio, poi finalmente via, tra gli scatti delle macchine fotografiche e le riprese di Oscar: sono le nove e trenta del mattino del 22 settembre 2003. Sento gli sguardi commossi dei compagni seguirmi a lungo;

per tutti è stato un percorso duro e adesso per loro inizia il grande lavoro di supporto. A me tocca l'impegno più difficile, dare corpo al sogno nel quale ho coinvolto tante persone, riuscire a realizzarlo: lo meritano davvero.

A fatica sono costretta a lasciare il confortante rifugio dei pensieri e a prendere contatto con la realtà: fa caldo. Guardo l'orologio collegato al cardiofrequenzimetro che porto al polso insieme a quello tradizionale: indica 50 gradi, fa davvero troppo caldo. Cammino da pochi minuti e sono ancora impegnata ad archiviare la prima notizia, quando al cervello ne arriva un'altra: lo zaino è pesantissimo. Ricordo che alla partenza, quando l'abbiamo pesato, la bilancia di Don ha registrato venticinque chili, uno più del Taklimakan, ma con questo caldo sembra che i chili siano raddoppiati. Sono già in un bagno di sudore e mi sembra di non riuscire a respirare. Lo chèche si incolla quasi a naso e bocca, lo abbasso un poco per prendere aria, poi mi viene in mente la fascia. Per proteggere la colonna vertebrale dal carico, da mesi quando porto lo zaino indosso una spessa fascia elastica semirigida, simile a quella usata dai motociclisti. Col tempo mi ci sono abituata fino a farla diventare parte di me. Qui invece il calore del corpo e la fatica l'hanno trasformata rapidamente in uno strumento di tortura. A ogni movimento sento le stecche penetrare nei fianchi e il sudore che la inzuppa surriscaldare la pelle. Mi prende lo sconforto, sono partita da neanche un'ora e già mi sembra di non poter più andare avanti, è la prima volta che cammino con queste temperature; in Sahara almeno mi arrampicavo su Aorat come mi hanno insegnato a fare i tuareg e insieme a loro lasciavo che fossero i cammelli a portarci mentre, tutti coperti per difenderci dal sole, aspettavamo che diminuisse il caldo prima di riprendere a camminare.

Mi fermo per bere e scarico lo zaino dalle spalle, poi sfilo la camicia dai pantaloni e mi strappo letteralmente di dosso la fascia. Tutto l'addome è segnato da profonde strisce rosse e nei punti di attrito con le stecche la pelle è già graffiata. Respiro a pieni polmoni finalmente libera, ma il benessere dura poco. Al momento di ripartire devo prendere una decisione importante: tenere la fascia e riparare così la schiena, oppure infischiarmene, sperando che tutto vada bene lo stesso?

Non so davvero cosa fare. Scelgo di usare il buonsenso, anche se questo significa dover soffrire ancora, e mi rimetto la fascia. Toglierla adesso è troppo rischioso, la cosa più saggia è aspettare ancora qualche giorno per capire se la schiena ce la fa a reggere da sola lo zaino. Quando riprendo a camminare sono depressa, non riesco a reagire e per la prima volta mi sento impotente. « Come faccio, come faccio non ci riesco! » continuo a ripetermi, e intanto vado avanti con gli occhi incollati all'orologio aspettando la prossima sosta.

Primo campo

Quando decido di fermarmi e piantare la tenda per la notte, il sole non è ancora tramontato. È il primo campo e preferisco avere almeno un paio d'ore di luce, per organizzare il materiale con calma. All'inizio è sempre difficile e si perde molto tempo per riprendere confidenza con le attrezzature e decidere come sistemarle per la notte. Alcune regole sono quelle di sempre, qualsiasi sia il deserto nel quale mi trovo, altre invece cambiano per adattarsi alle caratteristiche del luogo e del materiale che uso per la prima volta. Il caldo che mi ha accompagnato per tutto il giorno non accenna a diminuire neppure verso sera. Sono stanchissima, anche se ho camminato lentamente, e il tormento della fascia contribuisce ad aumentare la spossatezza. Vorrei toglierla subito, ma aspetto fino a quando non ho finito di montare la tenda. Ricordo le parole del mio allenatore: « Stai attenta ai movimenti che fai e impara a controllarli, sono pericolosi ». Quando tutto è al suo posto, mi sdraio finalmente sul materassino per godermi un po' di riposo, in attesa di dedicarmi alla cena e alla prima telefonata ai compagni. Neanche il tempo di chiudere gli occhi che subito vengo assalita dalle zanzare. Sono state un tormento per tutto il periodo della sosta a Dalhousie, ma lì c'era il laghetto a giustificarne la presenza, maí avrei immaginato di trovarle anche da queste parti! Senza il repellente è una battaglia persa e non rimane che trasferirmi nella tenda: ancora peggio. Per ridurne il peso, è stata eliminata la doppia apertura con la zanzariera, e sono costretta a tenere chiusa l'entrata. Soffoco per il caldo, con queste temperature anche le piccole bocche di aerazione sono insufficienti: chi poteva immaginare di dover fare i conti con le zanzare nel deserto? Alle sette chiamo i compagni per tranquillizzarli e dare la posizione, preferisco non dilungarmi nel racconto dei problemi. Mi sdraio completamente nuda sul materassino, il calore mi impedisce quasi di respirare e il sudore del corpo condensa sulle pareti della tenda aumentando il senso di oppressione, mentre fuori sento le zanzare continuare il loro assedio. Scosto dal viso i capelli bagnati dal sudore che mischiato alle lacrime brucia gli occhi, l'angoscia mi afferra la gola: sono stanca, voglio dormire ma non posso perché sto soffocando e quelle maledette là fuori non mi lasciano uscire! È un brutto momento, ma mi impongo di controllare i nervi, rallento il ritmo del respiro e faccio entrare poca aria alla volta, mentre resto immobile a occhi chiusi. Avverto la tensione sciogliersi, i battiti diventare regolari, anche la sudorazione sta diminuendo e scivolo nell'incoscienza. Dopo un tempo indefinibile, percepisco un alito di vento entrare dall'apertura in alto, sento la temperatura che incomincia a scendere e il mondo che riprende a esistere.

Vado avanti

Al mattino, quando incomincio a camminare, fa già molto caldo: se continua così devo fare attenzione al consumo d'acqua. La grande incognita di questa impresa è quella dei rifornimenti. Non si può sapere in anticipo quanta me ne servirà perché tutto dipende dalle temperature che troverò. Abbiamo deciso che la squadra di supporto, partita davanti a me, provvederà a piazzare quattro rifornimenti alla volta. Quando i miei compagni hanno terminato il lavoro, montano il campo e si fermano un paio di giorni prima di ripartire per sistemare i successivi. In questo modo abbiamo modo di valutare i consumi e decidere se aumentare o diminuire la quantità, oltre a verificare la media che riuscirò a tenere. L'ideale per me è arrivare all'acqua di sera, per consumarne subito una parte e caricare meno il giorno successivo; però mi rendo conto che sarà quasi impossibile mantenere una tabella di marcia costante.

Il caldo mi costringe anche a pianificare le soste durante la giornata. Forte dell'esperienza in Cina, la più simile a questa come caratteristiche, decido di fermarmi per quindici minuti ogni ora. Durante la pausa, bevo, assumo integratori ma soprattutto scarico lo zaino dalle spalle. Dedico anche due minuti a semplici esercizi di stretching, gli stessi che facevo in palestra alla fine di ogni seduta di allenamento, per rilassare i muscoli del dorso. Per evitare di disidratarmi, con queste temperature sono costretta ad allungare la sosta a metà della giornata, e allora decido di partire molto presto al mattino, sfruttando così le ore più fresche e recuperando tempo.

Sono talmente presa dai pensieri che mi accorgo di non essermi ancora guardata intorno per osservare l'ambiente. Ho perso davvero poco, dappertutto vedo soltanto una distesa infinita di pietre aguzze interrotte da cespugli rinsecchiti dal sole, dove qualche macchia di sabbia qua e là ricorda il deserto. È vero che i deserti molto spesso non sono di sabbia, e panorami come questo sono comuni un po' ovunque nelle zone aride, però lo spettacolo delle dune è l'immagine che si vorrebbe avere sempre davanti agli occhi e aiuta psicologicamente a superare le difficoltà.

Maledico a voce alta le pietre che mi circondano e ho tutte le mie buone ragioni per farlo. A causa di questo dannato fondo incomincio ad avere problemi ai piedi. Per evitare i guai del deserto cinese, questa volta ho scelto di partire con un paio di vecchie scarpe di tela, morbide e leggere già collaudate in altre occasioni, senza immaginare che mi sarei trovata a camminare su sassi come questi. Sono grossi e taglienti, non riesco a evitarli e a ogni passo premono nello stesso punto di appoggio sotto la pianta dei piedi vicino alle dita, dove si stanno già formando due vesciche dolorosissime. Piango di dolore ma soprattutto di rabbia: credevo di aver pensato a tutto e invece eccomi di nuovo a soffrire per colpa di un terreno orribile, che ho trascurato e che sta reclamando il prezzo della mia stupidità. Per settanta chilometri sarò costretta a camminare sulle pietre con i piedi piagati, settanta chilometri di penitenza non voluta. Mi vengono in mente i pellegrini tibetani che ho visto espiare i loro peccati percorrendo centinaia di chilometri in ginocchio e a piedi nudi, sostenuti dalla forza di una fede sconosciuta alla maggior parte di noi. Non posso fare altro che provare a imitarli, cercando ancora una volta nella mente le risorse per andare avanti... avanti... avanti...

La sera, al campo, svuoto la cassettina del pronto soccorso alla ricerca di qualsiasi cosa possa servire a fronteggiare l'emergenza. Dopo aver lavato alla meglio i piedi, mi dedico alla solita operazione: con ago e filo passo da parte a parte le vesciche piene di liquido e annodo i capi del filo per farle drenare. Poi le disinfetto e le lascio asciugare tutta la notte. La mattina prima di partire uso la stessa tecnica già sperimentata in Cina: medico la zona dolorante con i cerotti, coperti con compresse di cotone fasciate e con bende elastiche per tenerle ferme. Cammino tutto il giorno cercando di spostare il peso del corpo sui talloni e intanto mi concentro nel tentativo di controllare il dolore. I piedi sembrano muoversi da soli, sono talmente intorpiditi dal male da diventare insensibili. Cerco di ridurre i tempi delle soste al minimo indispensabile a recuperare energie senza interrompere l'effetto anestesia, fino a quando sono costretta a fermarmi per la pausa di mezzogiorno. Vorrei tanto levare le scarpe che sembrano incollate ai piedi per controllare in che condizioni sono le piaghe, ma resisto alla curiosità. Temo, dopo, di non riuscire più a rimetterle e non posso perdere tempo: questa sera mi aspetta il rifornimento d'acqua e devo arrivarci a tutti i costi prima che scenda il buio. Le borracce sono quasi vuote e ho un gran bisogno di bere.

Alla ricerca dell'acqua

Controllo ancora una volta il GPS. In base ai dati che mi hanno trasmesso ieri sera i compagni non dovrebbe mancare molto al punto in cui hanno lasciato il primo rifornimento. Nonostante l'apparente sicurezza che cerco di vendere a me stessa, il timore di mancarlo incomincia a insinuarsi nella mente. Ritorna identica l'agitazione che ho provato nel Taklimakan, ogni volta che mi avvicinavo al posto in cui avrebbe dovuto esserci l'acqua e non riuscivo a vedere subito il segnale. Anche qui abbiamo deciso di marcare il punto con una bandiera colorata, semplicemente legandola a qualche cespuglio. Sfortunatamente in mezzo a questa distesa di pietre la vegetazione è rada e molto bassa e non è facile vederla da lontano. Finalmente eccola, una bandiera floscia che penzola fino a terra, senza un filo di vento a sorreggerla. Tiro un sospiro di sollievo e rallento l'andatura che senza accorgermene avevo aumentato. Decido di montare subito la tenda, manca poco al tramonto e non vorrei trovarmi alle prese con il buio. Già, ma dove la metto, ci sono sassi dappertutto! Lascio lo zaino accanto all'acqua e incomincio a esplorare il terreno. Trovo solo un piccolo lembo di sabbia e ghiaia circondato da cespugli di spinifex, il rifugio preferito dai serpenti, secondo Don. Non ho scelta; con le racchette che uso per camminare incomincio a battere sui cespugli cercando di fare più rumore possibile, ma le spine sono così fitte da assorbire l'impatto: solo un paio di lucertole fuggono spaventate. Lo spazio è talmente piccolo da contenere appena la minuscola tendina e montarla diventa un lavoro complicato. Quando porto dentro tutto il materiale, poi, sono costretta a movimenti da contorsionista per riuscire a infilarmi tra la tenda e il cespuglio che si trova proprio davanti all'entrata. Ricordo bene l'incidente alla mano durante il sopralluogo e sto attentissima a non toccare le spine. Mi preparo a un'altra notte calda e questa volta è il pensiero dei serpenti a tenermi sveglia: quando finalmente riesco ad appisolarmi, sogno di trovarli in ogni cespuglio. È la prima volta che temo davvero questi animali e stavolta la paura è pienamente giustificata. L'Australia è il continente in cui vivono le specie più pericolose, quelle che attaccano l'uomo non solo per difendersi. In questi anni ho sentito tali e tanti episodi sui serpenti australiani, che ne ho avuto paura fin dall'inizio. Mio figlio, che pure conosce bene i rettili e ne ha avuti due in casa, per la prima volta era davvero preoccupato e fino all'ultimo non ha fatto altro che raccomandarmi di stare attenta. Lo stesso Don prima di partire ha tenuto una lezione sull'argomento e ha concluso dicendo che tutti i serpenti che vivono da queste parti sono molto velenosi e quasi sempre mortali per l'uomo.

Tutta la notte resto chiusa in tenda e non esco neppure a fare pipì; per colpa della fascia ho i fianchi talmente indolenziti da non riuscire neppure a sfiorarli e sono costretta a rimanere supina. Nonostante il grande caldo dormo lo stesso, sfinita dalla fatica del carico e dal male ai piedi, ai quali si è aggiunto anche un forte dolore alla spalla sinistra: devo ricordarmi di controllare le cinghie dello zaino, forse vanno regolate diversamente.

Al mattino, quando preparo lo zaino sono costretta a farlo nella tenda, sarebbe troppo complicato lavorare circondata da tutti quei cespugli; però nonostante le precauzioni, mentre mi abbasso per piegarla dopo averla smontata, appoggio le natiche sul cuscino di spinifex che fino a pochi istanti prima stava davanti all'entrata. Anche se sono protetta dai pantaloni, sento le punture sulla pelle e subito dopo un forte bruciore incomincia a estendersi a tutto il sedere. Mi ricordo che già durante il sopralluogo mi è capitata la stessa disavventura, l'unico antidoto è la pazienza: posso solo aspettare sperando che passi alla svelta, l'unica cosa certa è che succederà ancora.

Avanzo zoppicando e tento senza successo di distrarre la mente concentrata a fare l'inventario di tutti i mali che mi affliggono. È il terzo giorno dalla partenza e fatico molto più delle altre volte a trovare la strada giusta, quella che porta all'equilibrio interiore. Sono tanti gli ostacoli da superare e ciascuno è troppo grande per le energie che sento di avere. Faccio appena in tempo a lasciarne uno alle spalle che subito se ne presenta un altro e poi un altro e un altro ancora: ho l'impressione di trovarmi catapultata ogni volta in luoghi differenti con sempre nuove regole da osservare. Sto percorrendo non uno ma tanti deserti contemporaneamente.

Non lo capisco questo Simpson; è vero che sono ancora all'inizio però sento che è anomalo rispetto agli altri deserti: quando credo di aver capito tutto di colpo cambia e mi ritrovo a ricominciare da capo. Quanto potrò resistere aggrappata a questa altalena senza precipitare?

Un rumore conosciuto mi riporta sulla terra. A poche decine di metri si ferma una jeep dalla quale scende un uomo che viene verso di me. Dopo il primo momento di sorpresa, ricordo che a pochi chilometri da qui c'è il confine che delimita il territorio aborigeno; l'uomo che sta arrivando è un ranger, lo capisco dal distintivo cucito sulla manica della divisa. È ancora più stupito di me nel vedere un essere umano camminare nel deserto con uno zaino sulle spalle e quando scopre che sono una donna italiana non crede ai propri occhi. Chiede subito se ho dell'acqua e allora gli racconto dei rifornimenti, poi vuole sapere come faccio a comunicare: «Ha una radio?» «Ho il telefono satellitare», gli rispondo, e glielo mostro insieme al pannello solare. Finalmente incomincia a rilassarsi e vedo sparire dal suo volto la preoccupazione. Come tutti gli australiani è ossessionato dalla sicurezza, accentuata dalla divisa che porta, anche se la mia incolumità non rientra di sicuro tra i suoi doveri. Apprezzo molto le sue premure e lo ringrazio più volte mentre continua a raccomandarmi di essere prudente e di stare attenta ai serpenti! Ci salutiamo e cammino per un bel pezzo, prima di sentire il motore del fuoristrada ripartire, diretto verso il confine.

La sabbia...

I rari spazi sabbiosi incontrati fin qui diventano sempre più ampi e lentamente prendono il sopravvento sulla monotona distesa di pietre. Anche il colore del terreno sta cambiando e inizia a sfumare nella caratteristica gradazione rossa del deserto australiano mentre l'orizzonte, che prima si stendeva piatto a perdita d'occhio, ora sembra avere una fine. Non ho mai amato i deserti pietrosi e questa volta in particolare l'antipatia è degenerata in autentico odio. Il continuo contatto con le pietre appuntite ha ormai triturato ogni dito dei miei piedi senza eccezione e senza pietà: mi domando quanto tempo sarà necessario perché possano riprendere il loro aspetto originale. Abbandono senza rimpianti i sassi, impaziente di sprofondare nella sabbia pur sapendo che sarò destinata comunque a soffrire ancora.

La vegetazione sta cambiando e gli spinifex molto più numerosi contendono lo spazio ad altri cespugli più alti e privi di spine. Incomincia a fare troppo caldo per andare avanti, mi guardo intorno alla ricerca di un posto dove passare le due ore della sosta a metà giornata. L'ombra è un lusso non previsto, i cespugli sono troppo compatti per riparare dal sole, però possono servire da supporto per il telo che uso come tettoia improvvisata. È un quadrato di rete simile a un tessuto a trama larga in fibra di alluminio, leggerissimo ma molto resistente, che tengo piegato in una tasca dello zaino. Fa parte di quegli oggetti che io definisco jolly, senza una funzione precisa e praticamente senza peso, che però si rivelano indispensabili nei momenti critici. Quando individuo il cespuglio che mi sembra più adatto, annodo a ogni angolo del telo un pezzo di elastico robusto e ne fisso poco più della metà ai rami mentre l'altra metà la lego alla meglio sullo zaino e sulle racchette. In questo modo riesco a ritagliarmi uno spazio d'ombra appena sufficiente a riparare la testa e metà del corpo e vi rannicchio le gambe per sottrarle al sole. Passo la maggior parte del tempo sdraiata alla meno peggio per far riposare gambe e piedi e rilassare la schiena mentre preparo il beverone di integratori che costituiscono la base del mio pasto. Questa volta non devo più ingoiare le grosse pillole che usavo in Cina, ma una polvere dolce dal sapore indefinito che va sciolta nell'acqua. Termino il pranzo con una galletta e un pezzo di carne secca che mastico a lungo per gustarne il sapore. Come nella precedente impresa, il cibo tradizionale è sostituito quasi completamente da integratori – che coprono il fabbisogno giornaliero necessario e che sono stati dosati in funzione del consumo calorico previsto – ai quali ho aggiunto solamente carne secca, qualche galletta e frutta disidratata, oltre all'immancabile brodino con aglio crudo e peperoncino: approfitto della lunga sosta di mezzogiorno per berne una tazza e, nonostante il clima torrido, sentirne il sapore mi dà un grande senso di appagamento. Per quanti sforzi stia facendo, non riesco ad abituarmi alla fascia, è uno strumento di tortura in più sommato agli altri problemi. Sta diventando insopportabile. Il momento peggiore di tutta la giornata è rimettersi in marcia dopo la sosta, con il sole ancora alto che cuoce la pelle e i piedi gonfi che premono nelle scarpe. Più di una volta sono tentata di restare sdraiata per continuare a dormire, nonostante il caldo e la posizione scomoda. Quelle del pomeriggio sono le ore più dure, la media prevista dalla tabella di marcia scende a picco insieme al morale, per riuscire ad andare avanti mi aggrappo con il pensiero all'immagine del campo a fine giornata, quando finalmente potrò riposare. Il caldo gioca brutti scherzi: spesso vedo quello che non c'è, i miraggi si ripetono più volte nel corso della giornata e poi mi abituo anche a questo.

Terribile calore

Se durante il giorno le temperature si mantengono tra i 40 e i 50 gradi con picchi che arrivano anche ai 55, di notte, diversamente dagli altri deserti dove l'escursione termica era notevole, restano alte e per diverse ore non scendono sotto i 30 gradi. Assediata come sempre dalle zanzare, non riesco neppure a godermi in pace i pochi minuti che precedono il buio, quando di solito potevo stare sdraiata davanti alla tenda a rilassarmi ammirando lo spettacolo del tramonto. In ogni traversata lo spazio di tempo che segna il passaggio tra il giorno e la notte è il momento magico che dedico a me stessa per raccogliere quei pensieri che non hanno accesso alla mente troppo impegnata durante il giorno. Nel bilancio quotidiano queste pause di libertà psicologica, anche se brevi, pareggiano i conti con le lunghe ore di concentrazione ininterrotta e non solo hanno il potere di ristabilire gli equilibri, ma diventano la ricompensa attesa per tutta la giornata. E per colpa delle zanzare qui, nel Simpson, sono costretta a rinunciarvi. Con rabbia scivolo veloce nel mio rifugio e mi giro a chiudere la cerniera per impedire agli odiosi insetti di entrare; qualcuna però, attaccata alla pelle o ai vestiti, riesce ugualmente a infilarsi e incomincia la caccia. Fuori è ancora chiaro e il pensiero di dover restare in tenda fino al mattino mi esaspera: altro che deserto, sembra di essere in Amazzonia! Più tardi, quando accendo la luce all'interno, il nugolo di insetti che sono fuori, attirati dall'inconsueto chiarore, va a sbattere contro le pareti di tela leggera nel tentativo di entrare; sono talmente numerosi che il martellare continuo ricorda il rumore della pioggia. La tensione accumulata durante il giorno è altissima e devo trovare a ogni costo il modo per scaricarla nonostante il caldo, le zanzare e lo spazio ristretto. Nello sforzo di trovare la soluzione mi concentro raggomitolata su me stessa e ragiono; se non c'è spazio vuol dire che userò tutto quello ho a disposizione e che nessuno può togliermi: quello occupato dal mio corpo. Raccolta in posizione fetale mi costruisco intorno un bozzolo duro e inaccessibile a chiunque, un riparo da tutti gli insetti e i rumori fastidiosi che, sommati al caldo, rischiano di farmi impazzire. Allungo la mano verso il nuovo portafortuna – un pupazzetto regalatomi da Max al quale è annodato un fazzoletto che apparteneva a mia madre – e lo tengo stretto contro di me, unica presenza estranea nella fortezza inaccessibile che mi protegge. Sto fluttuando in una dimensione nuova dove percepisco nettamente quanto mi sta intorno, ma dove c'è spazio solo per quello che io decido di far passare e lascio andare i pensieri che premono per essere liberati. Proiettata fuori dal corpo, vedo l'immensa distesa del deserto e in mezzo la piccola tendina assediata dagli insetti: dentro, avvolta su se stessa, vedo Carla riposare serena e rilassata, al riparo da tutto.

Al mattino intorno alla tenda, sulla sabbia, trovo numerose tracce di animali: chi sarà venuto a trovarmi? Lo scopro più tardi mentre sto camminando: circa trenta metri davanti a me vedo un dingo che mi osserva immobile, per niente impaurito dalla mia presenza, poi man mano che mi avvicino con tutta calma si allontana nei cespugli fino a sparire. Cammino sprofondata nel torpore provocato dal grande caldo del pomeriggio quando un'iguana mi schizza improvvisamente tra i piedi. È lunga circa mezzo metro, in un primo momento la scambio per un serpente e il cuore fa un balzo mentre lei va a nascondersi veloce e più spaventata di me in uno spinifex poco distante. L'ho disturbata mentre dormiva tranquilla al sole senza neanche vederla, devo stare più attenta: se ci fosse stato un serpente al suo posto non sarei qui a raccontarlo. La traccia lasciata dalle zampe di un dingo segna la sabbia davanti a me, come a volermi indicare la strada. Dopo l'incontro di questa mattina non sono più riuscita a vederlo, però mi piace pensare che stia camminando poco distante per guidarmi nel deserto, come farebbe un amico: lo chiamo il mio amico dingo. Sono pochi gli animali che incontro, fa troppo caldo e anche gli insetti cercano rifugio nella poca ombra disponibile per difendersi dal sole impietoso. Mi chiedo dove io riesca a trovare la forza per andare avanti ma non conosco la risposta. La crisi è pesante e più lunga del solito, ma neppure per un attimo ho pensato di fermarmi e di rinunciare: quale sarà la vera ragione che mi spinge a proseguire?

Un improvviso risveglio

Mi sveglio improvvisamente, qualcosa non va! Impiego qualche istante per riuscire a emergere dal torpore lasciato dal sonno interrotto, accendo la pila che tengo sempre a portata di mano vicino alla testa per vedere l'orologio: è mezzanotte. Distesa sul materassino sento un dolore sordo e martellante arrivare dal piede sinistro, nel punto in cui le piaghe sono più infiammate: sembra l'inizio di un'infezione. Cerco l'antibiotico nella busta dei medicinali che ha preparato Oscar prima di partire, devo svuotarla quasi del tutto prima di riuscire a trovare la confezione. Non sto bene, ingoio la pillola e intanto sento dei brividi continui attraversarmi il corpo, sta arrivando anche il mal di testa, rannicchiata nel sacco piuma incomincio a tremare e sento di avere la febbre. Mi addormento con il termometro sotto l'ascella e me ne accorgo solo un'ora dopo quando incomincio a cercarlo: segna 38 gradi. Vorrei dormire ma il dolore e la temperatura che sta ancora salendo continuano a svegliarmi, vado avanti così per tutta la notte. Al mattino sono distrutta e darei qualsiasi cosa per restare sdraiata, ma non posso. Come faccio a rimanere in una tenda sotto il sole a 50 gradi con la febbre? Meglio se mi muovo, magari allungo le soste e cerco dei ripari all'ombra, ammesso che riesca a trovarli.

Preparo una veloce colazione a base di tè e di integratori

poi mi dedico a medicare i poveri piedi: esamino il sinistro e vedo che il tessuto intorno alla ferita è duro e arrossato, quando premo con il dito fa molto male. Cerco di sistemare il cotone tutt'intorno per creare maggiore spessore ed evitare che la parte infiammata appoggi troppo ma, quando muovo qualche passo per provare se funziona, le fitte di dolore arrivano dritte al cervello. Rivedo come in un film le scene dei deserti precedenti dal Kalahari al Taklimakan, tutte segnate dallo stesso problema ai piedi e capisco che anche questa volta sarà la volontà della mente a portarmi avanti, è l'unica possibilità che mi resta se voglio continuare.

Aggrappata ai bastoncini, cammino ondeggiando per evitare di premere troppo sulle piaghe ma ogni passo è una coltellata. Piango, urlo, singhiozzo per contrastare il male, poi quando ho sfogato tutta la tensione mi chiudo in un silenzio profondo e vado avanti con lo sguardo fisso a terra nel tentativo di evitare ogni sasso, anche il più piccolo.

Un passo dopo l'altro avanzo come in trance; sento il gonfiore dilatare il piede fino ad arrivare alla caviglia, allora slaccio quasi del tutto la scarpa ma la pressione continua ad aumentare, ho una gran voglia di fermarmi e di levare tutto, fasce, calze e scarpe, per tuffare il piede nella sabbia ma resisto, si gonfierebbe talmente tanto che non riuscirei più a infilare la scarpa. Durante la marcia il dolore è così sordo e continuo che mi abituo a conviverci e diventa quasi sopportabile, però quando mi fermo per riposare cambia: si trasforma in un bruciore incontenibile che preme contro la suola, ossessivo e martellante. Purtroppo quando incomincia ad attenuarsi è il momento di ripartire e appena appoggio il piede il contatto con il terreno è come una lama nella carne, talmente affilata da farmi urlare.

Sembra una presa in giro: anziché darmi sollievo le soste aumentano la sofferenza, ne farei volentieri a meno; tuttavia ne ho bisogno per riposare e togliere lo zaino; sento di avere ancora la febbre e vado avanti come se camminassi in una nuvola di ovatta. Il sole continua a essere alto quando decido di fermarmi: non ce la faccio più. Monto la tenda e in pochi minuti la tela diventa bollente, impossibile entrare. Stendo il materassino sulla sabbia e finalmente mi spoglio: il piede sinistro è gonfio e quando levo le bende e il cotone vedo che sono impregnati di sangue e siero, i cerotti sono talmente incollati alle piaghe da sembrare anche loro dei pezzi di pelle. Mi danno il voltastomaco. Pian piano tolgo tutto e con un po' di cotone bagnato d'acqua e sapone lavo le ferite, poi le lascio asciugare al sole e inizio la cura. Immergo i piedi nella sabbia e incomincio a muoverli per ripulirli bene, quindi mi alzo e li spingo in profondità fino alle caviglie. Incomincio a camminare lentamente intorno alla tenda facendoli strisciare per massaggiarli: che sollievo! È incredibile come il contatto diretto della pelle con la sabbia dia subito una sensazione di pulito; mentre continuo la passeggiata ripenso a un mio vecchio sogno: quello di avere una casa con i pavimenti di sabbia, magari di questo colore, per camminarci tutto il giorno a piedi nudi. Difficile da realizzare, soprattutto a Milano.

Il sole è calato dietro alle dune e la sabbia inizia a raffreddarsi. Pulisco di nuovo le ferite con acqua e sapone e le asciugo bene prima di infilarmi le calze che uso solo per la notte, e prendo ancora l'antibiotico. Al telefono Oscar mi ha raccomandato di continuare la cura almeno per tre giorni anche se nel corso della notte la febbre scompare e il dolore si attenua: sto molto meglio, la terapia della sabbia unita all'effetto dell'antibiotico comincia a funzionare e finalmente riesco a dormire.

Ci mancavano le mosche...

Accendo la pila che tengo a portata di mano e controllo l'ora: le quattro e mezzo. Starei volentieri ancora un po' nel mio sacco piuma, ma stamattina ho deciso di partire presto per sfruttare le ore più fresche della giornata e per recuperare il tempo perduto ieri. Per prima cosa mi occupo del cardiofrequenzimetro: è un impegno che ho preso con il professor Veicsteinas e a giorni alterni appena sveglia impiego quasi mezz'ora a rilevare tutti i dati che riporto poi su un taccuino, serviranno a stabilire il livello di affaticamento e il recupero cardiaco. Nel corso della giornata devo controllare più volte la frequenza dei battiti e segnarli volta per volta specificando in quali condizioni sono stati rilevati. Il materiale servirà all'Istituto per una valutazione globale sulle condizioni fisiche durante tutta l'impresa.

Mi rendo conto che è cambiato qualcosa, poi capisco: fa freddo! La temperatura durante la notte è scesa di venti gradi e sono costretta a partire con addosso il pile leggero. Lo interpreto come un bel regalo da parte del deserto, forse dopo tanto soffrire ha deciso di aiutarmi. Nonostante il problema al piede cammino bene e nelle prime due ore tengo una media di quasi cinque chilometri all'ora: un autentico record in queste condizioni! Riprende a far caldo e subito arrivano anche le mosche. Sono la maledizione di tutta la traversata, ma all'inizio non ci ho fatto neppure caso, presa com'ero da mille problemi le ho trascurate pensando che dopo qualche giorno sarebbero sparite... e invece no, mi seguono fino al centro del deserto e diventano sempre più aggressive, mi perseguitano tutto il giorno senza un attimo di tregua. Con lo chèche copro completamente il volto e chiudo anche la fessura rimasta sopra gli occhiali da sole, però riescono a insinuarsi perfino attraverso il minuscolo spazio all'altezza delle stanghette, tra la stoffa e le lenti, fino ad arrivare agli occhi. Ho scoperto che durante la giornata le maledette viaggiano attaccate al mio zaino e si trasferiscono direttamente addosso a me, e sono abilissime ad approfittare delle soste per tormentarmi: a decine danno l'assalto a ogni pezzetto di pelle che trovano scoperta per succhiarne ogni goccia di sudore, ma il peggio arriva quando per mangiare e bere devo abbassare lo chèche. In un attimo si infilano nel naso e in bocca, sono talmente svelte che spesso non me ne accorgo subito e le inghiotto senza riuscire a sputarle. Sono diventate un incubo costante e non c'è mezzo per difendersi, però è la sera il momento peggiore, quello in cui riescono a dare il massimo di sé: mi attaccano senza paura, avventandosi su qualsiasi cosa e più mi arrabbio più sembrano diventare aggressive. Quando finalmente riesco a montare la tenda, se non mi affretto a chiuderla in un attimo si precipitano dentro e senza repellenti a disposizione diventa un'impresa riuscire a scacciarle. Fuori non ce la faccio a sopportarle, sono troppe e mi fanno impazzire, allora decido di entrare e cosa scopro? Che hanno imparato a nascondersi tra il materiale e appena arrivo riprendono a ronzarmi intorno: sono esasperata e perdo il controllo, grido di rabbia mentre cerco di schiacciarle con qualsiasi cosa mi capiti a tiro, anche a mani nude. Le zanzare sono scomparse ma le centinaia di mosche che mi perseguitano senza tregua sono forse peggio... quasi quasi ne ho nostalgia.

In pericolo

Commetto un grave errore e per la prima volta succede l'evento che più di ogni altro ho temuto negli ultimi due deserti: manco il rifornimento d'acqua. Per tutti questi anni non ho fatto altro che ripetere a me stessa di stare attenta alle situazioni ovvie e scontate: nel deserto come in qualsiasi altro posto sono quelle che provocano i danni più gravi forse perché diminuendo la soglia di attenzione si tende a sottovalutarne le conseguenze. Ancora non riesco a capire quale meccanismo mentale mi abbia fatto scegliere di modificare la rotta. Ricordo solo che, a metà mattina, per uno strano impulso emotivo decido di fare una deviazione nel tentativo, mi dico, di accorciare il percorso e di risparmiare un pezzo di strada. In realtà sono attirata dal terreno più soffice e dall'ombra di qualche cespuglio più alto del solito, e come in una fiaba per bambini seguo l'illusione di un luogo incantato che promette meraviglie dimenticando che anche nelle favole ogni magia costa cara. L'intenzione è di riprendere la rotta più avanti; assorta come sono a godere lo spettacolo di un panorama finalmente diverso, trascuro di controllare il GPS, convinta di poter fare affidamento sull'istinto e, altro errore, prolungo più del solito la sosta di mezzogiorno, senza valutarne le conseguenze.

Quando scatta il campanello d'allarme mi accorgo di essere molto più lontana di quanto immagino dal punto stimato, timore che trova conferma appena leggo le coordinate sull'apparecchio. In un attimo un pensiero attraversa il cervello e non mi piace: realizzo che tra poco sarà buio. Per camminare più rapidamente, decido di proseguire senza pesi addosso e lascio lo zaino in una piccola radura circondata dai cespugli dove mi riprometto di fare il campo. Per sicurezza annodo il fazzoletto che porto intorno al collo a un ramo bene in vista e segno il punto sul GPS; l'intenzione è di prendere solo l'acqua che mi serve per la sera, e recuperare il resto domattina quando riparto. Le bottiglie sono praticamente vuote e il pensiero di essere senz'acqua sta già facendo aumentare la voglia di bere. Mi infilo nelle tasche un paio di integratori e qualche caramella, bevo un piccolo sorso e con il GPS acceso parto quasi di corsa, anche se nelle gambe la fatica accumulata durante il giorno si fa sentire; in compenso non ho pesi sulle spalle e assaporo per la prima volta la percezione di camminare finalmente libera. In poco tempo il terreno cambia e quasi all'improvviso mi trovo a superare continui ostacoli che rallentano la marcia. Dopo l'entusiasmo iniziale comincio a sentire che la fatica e la preoccupazione aumentano; ormai avanzo piano, attenta a ogni passo mentre la luce è sempre più scarsa; con angoscia vedo il sole scendere e poi sparire rapidamente tra i cespugli. La luce della torcia che accendo a tratti illumina solo una piccola parte del terreno, a fatica riesco a distinguere cosa c'è davanti a me, attentissima a dove metto i piedi. Capisco di essere ancora piuttosto lontana dal punto del rifornimento: non avevo previsto di andare così piano. Mi prende lo sconforto: il pensiero dei serpenti è fisso, non è prudente camminare al buio nel deserto, però sono anche senza acqua; il ricordo della sete in Kalahari ritorna vivissimo e ho paura. Devo scegliere cosa fare, subito. Guardo ancora una volta il GPS, poi decido: torno indietro, preferisco non bere per una notte che trovarmi in difficoltà, senza tenda e senza tutte le attrezzature, ma soprattutto senza il telefono. Guardo l'ora, sono le sette. È il momento del collegamento con i ragazzi, tra poco incominceranno ad agitarsi perché non arriva la mia telefonata. E se provassero loro a mettersi in contatto con me? Quando non risponderò alla chiamata cosa penseranno? Immagino già la loro angoscia e tutto questo per colpa mia, per una leggerezza imperdonabile. Vado avanti con le spalle gravate da un nuovo carico, quello della preoccupazione e dei sensi di colpa, più pesante dello zaino.

Nonostante le indicazioni del GPS mi rendo conto che al buio non è facile ritrovare il posto in cui ho lasciato la mia attrezzatura. Scopro che il cespuglio al quale ho legato il fazzoletto è uguale a decine di altri: sembrava così facile da riconoscere! «È qui, deve essere qui!» continuo a ripetermi mentre accendo e spengo in continuazione la torcia per esplorare le piante intorno. «Sto consumando troppo le batterie», penso, ma non posso fare altro; anche questo contribuisce ad aumentare la tensione.

La temperatura sta scendendo rapidamente, sono sfinita e cerco di prepararmi psicologicamente all'idea di trascorrere una lunga notte senza nulla per ripararmi dal freddo. L'escursione termica è alta e trovarsi a temperature di pochi gradi sopra lo zero con addosso soltanto una camicia e un paio di pantaloni corti è un'esperienza che non auguro a nessuno. Penso già di utilizzare lo chèche per avvolgermi come un bozzolo nei sei metri di cotone – anche se leggero è sempre meglio di niente – quando nell'ultimo passaggio con la torcia... eccolo! Il mio segnale penzola a pochi metri di distanza sul ramo dove l'ho lasciato qualche ora prima: non immaginavo che un semplice fazzoletto potesse diventare tanto importante.

Al buio monto il campo, poi chiamo subito la squadra.

Per giustificare il ritardo sono costretta a raccontare la verità e quando spiego cosa è successo vengo assalita da un fiume di parole. Per qualche minuto sfoghiamo la tensione reciproca, poi il dialogo ritorna normale e infine ci salutiamo. Li immagino al loro campo illuminato a mangiare e a bere mentre io seduta nella sabbia al buio devo ancora finire di preparare il mio e, quando finalmente ho trasferito tutto dentro la tenda, mi ci infilo subito. Ho fame ma senza acqua non posso mandare giù gli integratori e tanto meno la carne secca e le gallette: aumenterebbero la sete. Mi impongo di non fermare il pensiero sul problema dell'acqua anche se è difficile ignorarlo e per una volta benedico la stanchezza più forte dell'invidia che provo verso i miei compagni e che mi fa piombare subito in un sonno senza sogni.

Cominciano le dune

Il primo cordone di dune me lo trovo davanti dopo una lunga distesa piana di sabbia mista a pietrisco. Non è alto ma sembra piuttosto ripido e termina con una linea retta: ricorda uno spartiacque che si stende all'infinito perpendicolarmente davanti a me. Stamattina ho caricato tutta l'acqua che non sono riuscita a raggiungere ieri sera e il peso mi costringe a rallentare la marcia. Dopo tanta pianura, attacco per la prima volta una salita e i muscoli di tutto il corpo sono costretti a cambiare postura per adeguarsi alle nuove pendenze. Se prima riuscivo a camminare premendo sui talloni, ora non è più possibile mantenere la posizione e il peso grava proprio sulla parte dolorante dei piedi. Anche se la sabbia attutisce la pressione, ogni passo è un incubo. Arrivo finalmente in cima alle dune e mi aspetto di trovarmi davanti a un panorama aperto, invece alla fine della discesa si stende un'altra distesa piana che termina davanti a un cordone esattamente identico a quello che ho appena superato. Incomincia la parte più impegnativa, millecentoventi cordoni di dune da superare uno dopo l'altro, uguali e monotoni, un su e giù senza fine fatto apposta per scoraggiare chiunque ma non me, anzi per vincere la depressione giro la cosa in modo da considerarla un vantaggio. Dopo il primo giorno, in cui ho l'impressione di non andare mai avanti, scopro che camminare in un ambiente che si ripete all'infinito mi regala più tempo da dedicare ai pensieri e alla lunga si rivela un aiuto per ritrovare la concentrazione che finora è mancata. Faccio coincidere le soste con la scalata delle dune, da qui in avanti non mi fermo più dopo un'ora esatta bensì quando arrivo su una cresta; ho scoperto che in alto c'è sempre un poco d'aria e la sabbia è più soffice e così riesco a trascorrere i pochi minuti di riposo comodamente sdraiata godendomi dall'alto lo spettacolo del deserto. Stesa al sole, allungo le braccia, mentre con le dita delle mani continuo ad accarezzare la sabbia. È più fine di quella del Taklimakan e del Kalahari, è molto simile alla sabbia del Ténéré ma ha il colore più bello che abbia mai visto, un rosso che cambia tonalità di continuo a seconda della luce e della posizione, passando dall'arancio dorato al mattone scuro. Sento il deserto accogliere il mio corpo in un caldo abbraccio mentre continuo ad accarezzarlo e a parlargli, ascolto la sua voce profonda rispondermi, fatta non di parole ma di suoni continui e armoniosi, in un alternarsi di tonalità più emozionanti di qualsiasi frase, a riaprire finalmente un dialogo mai interrotto.

L'aver riscoperto il deserto da qui in avanti cambia tutto, qualsiasi difficoltà, anche la peggiore, diventerà sopportabile, non la vivrò più come una punizione ma sarà parte integrante di questo ambiente che amo e accetto in ogni suo aspetto, come si fa con ogni grande amore. La sera, nel corso della solita telefonata, sento Oscar lamentarsi: «Non so davvero come fai ad andare avanti, è tutto così monotono e noioso, che brutto deserto è questo Simpson, il peggiore che abbia mai visto». Sorrido mentre lo ascolto e so che non riuscirei mai a spiegargli cosa provo, forse perché ho scoperto che per me il deserto non è solo un luogo fisico ma un insieme di emozioni difficili da raccontare, un patrimonio solo mio del quale sono gelosissima.

Un nuovo cielo

Finalmente arrivano le nuvole a coprire il sole che implacabile mi ha accompagnato fin qui, anche se le temperature restano alte.

Cammino da un paio d'ore quando il cielo azzurro incomincia a coprirsi e in breve tempo diventa grigio. Neanche il tempo per rallegrarmene che subito realizzo: c'è un nuovo problema. Con le nuvole il pannello solare non carica il telefono e se il tempo non migliora durante la giornata questa sera sarà impossibile chiamare o ricevere telefonate.

Procedo più rapidamente del solito e decido anche di accorciare la sosta a metà giornata per recuperare il tempo perduto ieri con l'acqua. Avanzo immersa nei pensieri quando sento che qualcuno mi sta osservando. Non capisco chi sia, intorno non c'è nessuno, poi alzo la testa e lo vedo. È un falco, che sta girando a pochi metri sopra di me, lento, con le sue ali aperte e si lascia osservare senza paura. È bellissimo stare a guardarlo mentre si fa trasportare dalle correnti. Ci guardiamo, lui in cielo e io sulla sabbia, e avanziamo insieme, finché si allontana. Quando credo di averlo perso, dopo meno di un'ora ecco che ritorna e riprende a volare sopra di me, poi se ne va per riapparire di nuovo, avanti così per tutta la giornata. Forse non è lo stesso, magari sono altri falchi che arrivano incuriositi dalla figura in movimento, però mi piace pensare che sia sempre lui a farmi compagnia. Sparisce solo quando mi fermo a levare lo zaino e incomincio a prepararmi per la notte. Controllo subito la carica del telefono: è a fondo scala, vuol dire che stasera è impossibile telefonare, mi ritrovo sola, tagliata fuori dal resto del mondo.

Senza accorgermene tiro un sospiro di sollievo: è da incoscienti, lo so, se il brutto tempo continua anche domani la faccenda diventa complicata, non riesco a trasmettere le coordinate della mia posizione e non potrò conoscere quelle del rifornimento d'acqua, ma almeno questa sera decido di approfittarne senza la preoccupazione del collegamento e mi godo un momento di assoluta libertà.

Sto finendo di montare la tenda: ho trovato finalmente un piccolo spiazzo pianeggiante circondato da arbusti vicino al tronco di un albero secco, sprofondato per metà nella sabbia in un groviglio di radici, e già assaporo il momento in cui potrò sdraiarmi a riposare, quando lo vedo. Il falco è posato su un ramo secco a pochi metri da me e non è solo. A poca distanza un altro rapace simile a lui segue ogni mio movimento, poi entrambi si alzano in volo e incominciano a girare sopra la tenda. Smetto di lavorare per osservarli: in un primo momento sembrano solo curiosi; dopo un po' di evoluzioni ritornano a posarsi sugli stessi rami e da qui iniziano a chiamarsi, poi riprendono a volare sempre più vicino. Adesso non sono lenti come prima ma si muovono a scatti, rapidi e nervosi e continuano a lanciare richiami, mi viene un dubbio: non sarò troppo vicina al loro nido? È primavera e può essere che ci siano delle covate qui intorno. Dopo aver studiato per un po' i loro movimenti prendo la decisione: sposto la tenda, non potrei riposare tranquilla con il pensiero di aver disturbato questi magnifici rapaci, anche se disfare il campo alle cinque e mezzo di sera, stanca come sono, è un grosso sacrificio; ma dopotutto sono io l'intrusa ed è giusto che sia io ad andarmene. A fatica raccolgo tutte le mie cose e mi sposto di una cinquantina di metri: non posso andare più lontano, lo spazio adatto a ospitare la tenda è limitato, non ho voglia di rifare lo zaino e mettermi nuovamente in cammino per cercarne un altro. Attentissimi, loro seguono ogni movimento, mi stanno spiando. Quando tutto è sistemato mi siedo nella sabbia e aspetto, sono curiosa di vedere come reagiscono adesso: all'inizio riprendono a volare rapidi e arrivano vicinissimi al nuovo campo – sembra che stiano controllando se davvero ho intenzione di restare qui – poi si allontanano per ritornare di nuovo, questa volta si muovono più lentamente e infine si calmano e vanno ad appollaiarsi sui rami più bassi dell'albero rinsecchito e che alla base nasconde una specie di grotta naturale scavata nella sabbia e protetta dalle radici: quasi certamente il loro nido. Mentre li osservo improvvisamente una cacofonia di suoni esplode a poca distanza, accompagnata da uno stupendo volo di pappagalli grigi rosa e bianchi che prendono a girarmi sopra la testa. Li guardo affascinata, è uno spettacolo davvero fantastico che riesce a farmi dimenticare perfino la stanchezza.

Si alza il vento

Con lo sguardo costantemente fisso a terra per cogliere ogni piccolo ostacolo e pericolo, ho modo di osservare il minuscolo universo di vita che si muove nella sabbia. Vedo lucertole di ogni colore passarmi rapide davanti ai piedi e mi perdo a osservare una quantità di curiosi insetti racchiusi in bozzoli di sabbia che sembrano vermi e che si muovono come conchiglie, lasciando dietro di sé una traccia sottile. Un gruppo di stercorari avanza a fatica: sono in tre, due di loro spingono una palla di sterco ben più grande di loro, mentre il compagno li segue a poca distanza come supporter pronto a dare il cambio. E infatti uno dei due si stacca e lascia il posto alla riserva, e intanto si riposa in attesa di sostituire a sua volta l'altro collega: in questo modo riescono ad andare avanti senza mai fermarsi. Il terreno sul quale cammino è disseminato da una quantità incredibile di impronte stranissime che solo in parte riesco a riconoscere. Trovo che siano molto affascinanti le tracce lasciate dal passaggio degli animali sulla sabbia, così diverse l'una dall'altra ma armoniose nel loro insieme a formare dei leggerissimi disegni simili a delicati ricami. Grosse impronte di cammelli si inseguono sulle dune, deve essere un gruppo piuttosto numeroso, ma non riesco a distinguere quanti siano. Il paesaggio costantemente interrotto da cespugli e da cordoni di sabbia impedisce allo sguardo di spaziare tutt'intorno, chissà quanti animali si stanno muovendo vicino a me! Fra tutte le tracce riconosco quelle del dingo, ormai è diventata un'abitudine seguirle, le ho sempre trovate sul mio percorso e immaginare che un animale mi stia indicando la strada mi fa sentire bene.

Nel pomeriggio si alza il vento, sento la pelle asciugarsi più del solito e gli occhi bruciare, anche le mucose del naso e della bocca, nonostante il riparo dello chèche, si stanno seccando rapidamente: aumenta il rischio di disidratazione. Con temperature inferiori e con il vento avverto meno lo stimolo della sete e tendo a consumare meno acqua del solito, ma mi costringo a bere spesso. Leggere nuvole di sabbia rosate incominciano a formarsi un po' ovunque e tentano di sollevarsi nonostante i cespugli cerchino di contrastarne il movimento. Ritorna la preoccupazione per le tempeste di sabbia, l'evento naturale più temuto nel deserto che blocca qualsiasi attività, però la conformazione di questo tipo di terreno lascia intuire che qui non riescono a scatenarsi con violenza. La vegetazione bassa fa da barriera naturale alle raffiche che trasportano la polvere sabbiosa e ne contengono la forza. Per tutto il resto della giornata il vento soffia talmente impetuoso che, quando cammino sulla cima delle dune o nelle ampie spianate che dividono un cordone dall'altro, mi fa sbandare con tutto il carico. Riuscire ad avanzare è difficile e faccio fatica a contrastare le improvvise spinte del vento. Avanzo piano a testa bassa e con gli occhi semichiusi nonostante siano riparati dagli occhiali, pensando anche questa volta al lato positivo: fino a quando va avanti così le mosche non arrivano, e le immagino tutte attaccate dietro allo zaino ferme ad aspettare che il vento si calmi per ricominciare l'assalto.

Manca poco al tramonto e le raffiche continuano sempre più forti. Comincio a preparare il campo ma è una lotta senza tregua. Ogni oggetto che levo dallo zaino rischia di volare via se non lo blocco subito con mani e piedi, ma la vera impresa è montare la tenda. Per mantenerla leggera è stata fabbricata con lo stesso materiale usato per le vele e appena inizio a srotolarla per liberare i paletti si gonfia come uno spinnaker e sono costretta a buttarmici sopra per trattenerla. Studio le pause tra una raffica e l'altra per riuscire almeno a infilare le bacchette, tengo la tenda schiacciata contro il terreno, poi la blocco con lo zaino e vado a cercare dei sassi. Appena la sollevo per assicurarla al terreno, una raffica incomincia a scuoterla con violenza e sono costretta ad aggrapparmi con tutte e due le mani per non farmela strappare: non oso pensare a cosa succederebbe se si dovesse rompere o peggio ancora volare via. Approfitto di un momento di tregua per alzarla e, mentre la tengo ferma con una mano, con l'altra rapidissima pianto i picchetti che sotterro subito sotto dei mucchi di sassi. Lascio passare una raffica e mi affretto ad abbassare la cerniera, butto dentro le bottiglie d'acqua e lo zaino ancora pieno per appesantirla ed evitare che possa sollevarsi ancora, poi entro e comincio a spingere il materiale più pesante verso i lati per non farla alzare, e finalmente mi dedico a disfare lo zaino.

Dopo un'ora di lotta, sfinita dalla stanchezza mi lascio cadere sul materassino: non ho fame, vorrei solo poter bere un brodo caldo, ma è impossibile accendere il fornelletto. Mi consolo masticando un pezzetto di frutta secca, mentre il vento fuori continua a scuotere la minuscola tendina: sembra debba strapparsi da un momento all'altro, questa notte sarà difficile dormire.

Un acquazzone

Martedì 30 settembre: una giornata che non potrò mai dimenticare.

Per tutta la notte delle raffiche fortissime hanno continuato ad accanirsi sulla tenda, che però, grazie al cielo, ha resistito senza danni. Quando al mattino esco, vedo che il cielo è coperto da spesse nuvole grigie e sento che il vento continua a soffiare. Ho le gambe molli: sarà per colpa della notte agitata, ma quando comincio a camminare fatico più del solito a riprendere il ritmo. Solo quando mi fermo per la prima sosta mi accorgo delle perdite di sangue: non capisco cosa succeda, ho sempre preso regolarmente la pillola per spostare il ciclo, sarà il fisico che si sta ribellando alla fatica? Vado avanti con difficoltà, lottando con la tempesta che, come ieri, continua a farmi sbandare, ma ogni passo diventa sempre più pesante. A un tratto succede una cosa strana: le lenti degli occhiali sembrano punteggiate da macchie e nello stesso momento sento delle gocce bagnare la parte delle braccia scoperta dalla camicia. Non posso crederci: sta piovendo! In mezzo al deserto sta piovendo! È tutto talmente assurdo che non penso neppure a trovare un riparo, mi fermo tra il vento e la pioggia a guardare lo spettacolo della sabbia bagnata: una distesa semilucida che sembra velluto. Mai nella vita avrei pensato di assistere a una cosa simile. In pochi minuti finisce tutto ma è sufficiente per cambiare completamente il deserto. Perfino l'odore è diverso e il terreno compatto sembra dipinto dall'acqua che ne ha fissato in modo indelebile ogni più piccolo segno. Ciascun cespuglio riprende vita e macchie di verde intenso compaiono là dove fino a pochi minuti prima tutto era coperto da una patina rosata.

Ritorno bruscamente alla realtà: le perdite stanno aumentando, sono spossata; per fortuna il terreno indurito dalla pioggia mi aiuta a non sprofondare troppo. Riprende a piovere, anche questa volta dura pochi minuti ma è sufficiente a bagnare tutto, poi però il vento asciuga rapidamente ogni cosa.

Va avanti così per tutto il giorno, con brevi acquazzoni seguiti da ampie schiarite, sufficienti a caricare in parte il telefono. Questa sera oltre alla solita telefonata con il team mi aspettano i collegamenti in diretta con i media dall'Italia, appuntamenti che non posso mancare, per cui controllo spesso la posizione del pannello solare per sfruttare al massimo ogni singolo raggio di sole.

Ho appena il tempo di montare la tenda e gettare dentro tutto che scoppia il finimondo; lampi, tuoni, scrosci d'acqua, un vento fortissimo esplodono improvvisi tutti insieme, con una violenza mai vista prima: il deserto è davvero arrabbiato.

Mi rifugio nella tenda e in mezzo a un disordine incredibile cerco la torcia, sta diventando buio e ho bisogno di avere la luce a portata di mano. Mi affretto a chiudere l'ingresso e le due prese d'aria nella parte alta della tenda per evitare che entri l'acqua, poi stendo il materassino per isolarmi dal fondo della tenda che, a contatto con il terreno, sta già diventando umido e incomincio a sistemare il materiale. Sono preoccupata per il telefono e il GPS, ma anche per la cinepresa con macchina fotografica incorporata: se si bagnano tutte queste attrezzature è la fine. Avvolgo ogni cosa come posso nei sacchetti di plastica leggeri che porto sempre per proteggere dalla sabbia gli oggetti delicati e che mai avrei immaginato di usare contro la pioggia, poi rimetto gli oggetti nello zaino sistemandoli nello scomparto centrale, il più protetto, e provvisoriamente copro tutto con il sacco piuma. È inevitabile: dalle cerniere della tenda comincia a filtrare l'acqua. Alla base dell'apertura stendo l'unico piccolo asciugamano che possiedo e che dopo pochi minuti è già bagnato, ma per proteggere la parte alta devo risolvere il problema all'esterno e sono costretta a uscire. Sotto la pioggia e il vento copro l'apertura con l'ultimo pezzo di plastica che resta e lo blocco con le uniche sei mollette da bucato che ho a disposizione, poi sopra tutto stendo il telo argentato, che lego stretto ai paletti di sostegno. Quando rientro sono fradicia e mi asciugo con lo chèche umido di sudore. In breve comincia a formarsi della condensa, che scivola lungo le pareti e finisce in piccole pozzanghere lungo i lati dove di solito trova posto tutto il materiale. Per evitare che questo si bagni sono costretta a radunarlo nel centro sopra il materassino, lascio solo le racchette e le bottiglie d'acqua che con il loro peso servono a difendere la tenda dalle raffiche di vento. Spingo lo zaino il più possibile in fondo, con l'intelaiatura di alluminio appoggiata al telo e la parte centrale rivolta verso l'interno. Bagnata come sono, inizio a sentire freddo. Tolgo la camicia e i pantaloni e mi avvolgo nello chéche, poi faccio quello che non si deve mai assolutamente fare: accendo il fornello in tenda, per abbassare il tasso di umidità e per riscaldarmi. Tento anche di preparare un brodo caldo e mentre con una mano cerco i dadi con l'altra stringo la valvola di regolazione della fiamma per mantenerla al minimo e contemporaneamente evitare che si rovesci tutto. La tensione è altissima: se dovesse succedere un incidente e andare a fuoco la tenda non potrei mai perdonarmelo. Per fortuna il telefono funziona anche al chiuso, e riesco ad agganciare i satelliti; alle sette chiamo Oscar e Daniele, sono davvero preoccupati e cerco di tagliare corto per evitare troppe domande: « Sto bene, la tenda sta reggendo alla grande, state tranquilli, ho poca carica, ci sentiamo domani ». Restiamo d'accordo che terranno il loro telefono acceso tutta la notte per eventuali emergenze e che domani all'una dovrò chiamarli per dare la posizione. Più tardi arrivano le due telefonate dall'Italia, sono di una radio e di un canale televisivo che due volte alla settimana, per tutta la traversata, si collegano in diretta per intervistarmi. Spiego velocemente come stanno le cose e parliamo solo qualche minuto, poi ripongo il telefono con le batterie. Mi aspetta una notte difficile, la peggiore finora. Ogni dieci minuti sono costretta ad aprire uno spiraglio di tenda per strizzare il piccolo asciugamano, e passo il tempo rannicchiata nel minuscolo spazio rimasto asciutto al centro del materassino, mentre tutto il resto, compreso il sacco piuma, è ormai bagnato: si salva solo il materiale avvolto nei sacchetti impermeabili. Seduta con la schiena appoggiata allo zaino per proteggerlo, circondata dall'acqua, tremo per il freddo e per lo sfinimento; la tenda è squassata dal vento mentre dei lampi terribili, seguiti da tuoni altrettanto spaventosi, illuminano il deserto. Temo che possano colpire la tenda, ma c'è dell'altro: per la prima volta ho davvero paura.

La quiete dopo la tempesta

Ha smesso di piovere. Appena comincia a fare chiaro esco, curiosa di vedere cos'è successo stanotte. Il vento è calato e il cielo, tornato limpido e senza nuvole, forma uno strano contrasto con il terreno intorno pesante di pioggia e con la vegetazione piena d'acqua, come se durante le ore buie avessi viaggiato nello spazio fino ad arrivare in un luogo nuovo, sconosciuto e per niente somigliante al deserto che ho percorso fin qui. Impossibile partire subito, devo far asciugare almeno il sacco piuma altrimenti dormirò nel bagnato anche la prossima notte. La tenda è piena d'acqua e sabbia fradicia, come tutto il resto del materiale; per oggi decido di rallentare la tabella di marcia: vuol dire che recupererò domani i chilometri. Per il rifornimento d'acqua non ci sono problemi, ce n'è fin troppa e basterà per altri due giorni. Sono le nove passate quando finalmente riprendo a camminare. Ovunque è un'esplosione di vita: in poche ore una quantità di minuscole piantine sbucano dalla sabbia trasformando il deserto rosso in un giardino con ampi spazi di verde tenero costellato di fiori. Come per magia, boccioli di ogni colore si aprono scaldati dal sole: piccoli fiori bianchi, rosa, azzurri, rossi, gialli mai visti prima e tutti diversi tra loro, uno spettacolo da togliere il fiato. Dopo tre ore mi fermo accanto a un piccolo albero dai rami bassi e ne approfitto per stendere tutto il materiale, poi monto la tenda per farla asciugare del tutto e mi spoglio prima di allungarmi al sole. Il telefono che sta suonando mi riporta alla realtà: non è ancora l'una e già mi chiamano per avere notizie, anche se le peggiori arrivano da loro. Una scarica del generatore ha fatto saltare il computer che serve a inviare notizie e immagini in Italia. Alla partenza abbiamo stabilito che la squadra di supporto avrebbe mandato periodicamente a Luisella un breve diario sulla traversata per essere subito girato sul mio sito, insieme a qualche immagine scattata da loro. È un'opportunità che abbiamo voluto dare agli amici e a quanti desiderano avere notizie per seguire in tempo reale la traversata, un modo per sentirci vicini anche a distanza. Con questo nuovo problema la comunicazione si interrompe e vedo andare in fumo il progetto a cui tenevo tanto, spero solo che in tre riescano a fare qualcosa per rimediare.

Sono preoccupata: ricominciano le perdite che sembrava si fossero fermate. Stamattina ho preso la grande decisione e ho tolto definitivamente la fascia, la userò soltanto per smontare e rimontare i campi o quando dovrò fare dei lavori pesanti. Ho anche scoperto un buon sistema per caricare lo zaino in spalla senza forzare la schiena e le articolazioni: mi siedo per terra e infilo le braccia nelle cinghie, poi le regolo servendomi dei due mezzi anelli fissati alle estremità per ridurre la lunghezza. Quando le sento bene aderenti alle spalle, ruoto su un fianco fino a trovarmi a quattro zampe con lo zaino sul dorso. In questa posizione stringo bene la cinghia che passa sui fianchi e, quando sento che è a posto, punto con forza i bastoncini e spingo per alzarmi in piedi. Per evitare di premere sempre sullo stesso ginocchio alterno la rotazione una volta a destra e una a sinistra. Funziona meglio del sistema a strappo che usavo in Cina e ha il vantaggio di distribuire il carico di lavoro in modo uniforme; l'unico accorgimento da tenere presente è quello di collocare le racchette a portata di mano: l'ho imparato a mie spese, quando più di una volta sono stata costretta a ricominciare tutto da capo perché nel momento di sollevarmi scoprivo che le avevo lasciate troppo distanti. Sono impegnata a risalire una duna quando vedo una forma allungata davanti a me e in un primo momento la scambio per una radice: immobile, a pochi centimetri dalla mia scarpa un serpente piccolo e scuro è sdraiato al sole. Sembra addormentato perché non si muove subito e, quando infine si accorge che c'è qualcuno a osservarlo, con tutta calma striscia verso un cespuglio di spinifex poco lontano e sparisce. Lo guardo allontanarsi e penso che come gli altri animali incontrati fino a oggi anche lui sembra tranquillo, per nulla spaventato dalla presenza di un essere umano, forse perché non è abituato a vederne o magari perché mi muovo in silenzio, come lui.

I piedi continuano a farmi male, anche stasera proseguo la cura. Tolgo tutto, medicazioni e cerotti, quindi cerco uno spiazzo di sabbia asciutta, immergo i piedi nudi con le piaghe e incomincio a camminare, godendo del meraviglioso massaggio naturale. In un attimo arriva un'idea folle: c'è tanta acqua, perché non approfittarne? Mi spoglio e incomincio a lavarmi: prima insapono corpo e capelli con una mini spugna, di quelle che si usano per levare il trucco, poi faccio una specie di doccia servendomi del pentolino che adopero per scaldare il brodo e infine, come una vera signora, spalmo sulla pelle secca la crema idratante, che in un attimo attira uno sciame di mosche!

Sto per raccontare ai compagni del mio bagno, quando capisco dal tono della voce di Oscar che ci sono novità: «Don ha sentito alla radio locale che una donna francese è partita dietro di te per attraversare il deserto». «Che cosa?» urlo nel telefono. «Sì, dalle notizie pare che stia viaggiando scarica e tiene una media alta, intorno ai venticinque chilometri al giorno.» Non ci credo. «E come fa a viaggiare senza niente?» aggiungo. «Il suo team la raggiunge ogni sera e fanno il campo insieme.» Be', è comoda la francese, penso e intanto mi vengono in mente le ultime due notti insonni. «Quando è partita?» «Una settimana dopo di te.» « Non ce la fa a raggiungermi», replico più tranquilla, poi arriva la mazzata. «Se fossi al tuo posto invece comincerei a preoccuparmi, è partita da Purni Bore.» Maledizione, dopo i settanta chilometri di pietre, quelli che mi hanno distrutto i piedi! Resto a lungo con lo sguardo fisso sul telefono ormai spento, sono furibonda: cosa ci fa una francese nel *mio deserto*? Fino a oggi mai nessuna donna l'ha attraversato e adesso, ironia della sorte, ci troviamo in due contemporaneamente.

Da questo momento cambia tutto. Sono partita per un'impresa e mi trovo ad affrontare una competizione. La francese non deve passare: costi quel che costi ma non passa. D'accordo, è partita più avanti e percorre meno strada e poi non è in autosufficienza come sono io, però se arriva davanti a me sarà comunque lei la prima donna ad avere attraversato il Simpson e questo non posso accettarlo. Anni di lavoro e di fatica per vedere il mio sogno distrutto da *mademoiselle*? Mai. Da ragazza ho praticato molto sport e ho ancora vivo in mente il ricordo delle gare di atletica leggera e di sci e improvvisamente riscopro la mia carica agonistica. La grinta di allora, che sembrava ormai sostituita dalla calma e dalla determinazione di un'età più matura, ritorna prepotente e una forte scarica di adrenalina raggiunge ogni fibra del mio corpo. Nonostante la stanchezza sarei pronta a ripartire subito, pur di aumentare la distanza tra me e la mia sconosciuta avversaria: «Si vince con la testa, non con le gambe», ricordo a me stessa. Saggiamente, rimando tutto a domani.

La sfida

Parto prestissimo accompagnata dalle perdite sempre più abbondanti e aggredisco il primo cordone di dune che mi trovo davanti con una forza sconosciuta. Ho deciso di tenere anch'io la media di venticinque chilometri al giorno, nonostante i campi da fare e uno zaino di venticinque chili sulle spalle: certo non è come camminare scarica e arrivare con la tenda già pronta e la cena in tavola! Quando ho comunicato la mia decisione al team, tre voci in due lingue diverse mi hanno dato della pazza, ma va bene così: voglio che i prossimi rifornimenti d'acqua vengano distanziati ancora di più e, se non riesco ad arrivarci, il problema sarà solo mio.

Da un po' di tempo negli ambienti sportivi non si fa altro che parlare di doping e le competizioni si sono spostate sempre più dai campi di gara agli ambulatori medici. Basterebbe lavorare più sugli uomini anziché sulle combinazioni di farmaci e insegnare agli atleti a credere maggiormente in se stessi per raggiungere grandi risultati. Mi accorgo che il mio organismo sta producendo una grande quantità di noradrenalina, che insieme al cortisone e all'adrenalina sono ormoni che agiscono come un doping naturale dagli esiti sorprendenti e privo di tutti gli svantaggi legati agli effetti collaterali.

Sto andando davvero forte, non sento quasi il peso dello zaino e anche gli altri problemi sono cancellati dalla voglia di fare ancora meglio. Il livello di attenzione è molto alto e sono in grado di cogliere in qualsiasi momento ogni segnale d'allarme che dovesse arrivare dal corpo. Mi piacerebbe tanto poter regalare questa formula a tutti i ragazzi impegnati nello sport e sempre a caccia di ricette miracolose, se solo capissero che bisogna scoprire dentro di sé e non fuori le pozioni magiche che cercano, potrebbero vincere qualsiasi gara nello sport come nella vita.

Eccolo, ancora un serpente; questa volta è agitato e lo vedo vicinissimo a me, anziché cercare rifugio si gira di scatto e per un attimo temo che mi voglia attaccare. Mi blocco e resto immobile, il cuore batte così forte che immagino possa sentirne il rumore. Restiamo a fissarci per qualche istante, chissà chi ha più paura tra noi due, di certo non sarò la prima a muovermi anche perché con il peso che ho addosso sono troppo lenta e non ce la farei a evitare un attacco. Nonostante sia spaventata voglio osservarlo bene, il serpente è un animale affascinante e mi incanto ogni volta che ne vedo uno. È diverso da quello che ho incontrato ieri, più grosso e di un colore a metà fra verde e beige, una delle tante specie che popolano l'outback australiano. Forse capisce che non ho intenzione di fargli del male, perché lentamente si rilassa e abbandona la posizione di attacco, poi incomincia a strisciare di lato e infine se ne va a cercare un riparo. Sono in un bagno di sudore: questa volta ho sfiorato la tragedia, bastava un movimento in più e quasi certamente avrebbe attaccato, e non voglio pensare a cosa sarebbe successo. Sento che un gelo improvviso sta raffreddando il sudore che ho addosso.

Non riesco a distogliere il pensiero dalla francese. Cerco di immaginare che aspetto abbia: chissà perché l'immagine più ricorrente è quella di una ragazza slanciata con due lunghe gambe, in tenuta da jogging e scarpe da ginnastica che si arrampica sulle dune quasi di corsa, con un minizaino e rosicchiando barrette energetiche. Rido da sola per quanto sono stupida, la francese sta diventando un'ossessione, poi un pensiero esplode improvviso: ma lei sa di me? Qualcuno l'ha avvisata che ha davanti un'italiana non più giovanissima, di altezza media e carica come un mulo? Confronto mentalmente le due immagini, la sua e la mia e ci gioco un po' per far passare il tempo e per scaricare la tensione. Tutta concentrata nel nuovo passatempo non mi accorgo della presenza che mi sovrasta fino a quando un'ombra non striscia veloce sulla sabbia. Alzo la testa ed eccolo: un falco, identico a quello che mi aveva sorvolato giorni fa, vola sopra la mia testa forse attratto dal luccicare del pannello solare. Lancia un richiamo poi si abbassa e a ogni passaggio stringe i cerchi, adesso lo vedo bene e riesco a distinguere le penne del petto: sono di un beige rosato come il deserto, bellissimo, lo saluto con la mano senza spaventarlo, resta ancora un po' e infine si allontana. Più tardi ritorna e ricomincia a volarmi sopra tenendo la stessa andatura, poi sparisce di nuovo per ripresentarsi ancora dopo: va avanti così per tutto il giorno, un segnale che interpreto come buon auspicio. Ogni incontro con gli animali nel deserto è sempre una nuova emozione, perfino se si tratta di specie pericolose come il serpente di questa mattina. Ciascuno di loro è un piccolo mondo, un miracolo di sopravvivenza in un luogo così difficile. È interessante osservarli per vedere come abbiano modificato il loro aspetto nel tentativo di adattarsi all'ambiente nel quale vivono, a cominciare dai colori, spesso uguali a quelli della sabbia. Ogni volta che incontro degli animali, li considero come un dono prezioso che il deserto mi offre e la compagnia che mi regalano in quei pochi attimi equivale a un concentrato di energia, a una carica di benessere che mi aiuta ad andare avanti con maggiore entusiasmo. La sera, quando la produzione di adrenalina incomincia a esaurirsi, ritorno alla realtà e mi dedico all'inventario di tutti i miei mali, il mio personale bollettino di guerra quotidiano. Durante ogni sosta mi costringo a dedicare qualche minuto agli esercizi di stretching che aiutano a rilassare la colonna vertebrale. In ginocchio, mi siedo sui talloni e stendo in avanti entrambe le braccia facendole strisciare sulla sabbia con la fronte appoggiata a terra, poi allungo la gamba sinistra e tenendola ben tesa la incrocio il più possibile verso destra: mantengo la posizione per un minuto e quindi ripeto lo stesso esercizio con l'altra. Ho notato che sta rapidamente esaurendosi la piccola scorta di grasso che avevo addosso quando sono partita: i chili in più che ero riuscita ad accumulare con la dieta ipercalorica che mi è stata prescritta dai nutrizionisti italiani, e che ho seguito scrupolosamente per alcuni mesi fino al momento della partenza, erano già stati in parte consumati dagli allenamenti ma soprattutto dalla terribile tensione dei preparativi. Quando sono partita da Dalhousie pesavo cinquantasei chili, solo tre in più del mio peso forma, e ora mi accorgo che in pochi giorni il fisico si è trasformato, è diventato molto più asciutto e tonico: un concentrato di muscoli, nervi e ossa. L'alimentazione a base di integratori sembra che stia funzionando bene e, a parte i soliti dolori, riesco a sopportare tutti gli sforzi, e mi accorgo che anche i tempi di recupero sono piuttosto rapidi. Durante i rilevamenti il ritmo cardiaco rimane costantemente basso e perfino quando sono alle prese con le salite più impegnative raramente arriva a superare gli ottanta battiti: solo nel pomeriggio, quando l'accumulo di fatica diventa importante, incomincia ad aumentare. Ancora una volta ne ho la conferma: se il corpo viene impegnato in un'attività fisica costante con il supporto di una corretta alimentazione, anche la mente ne trae dei benefici. Mi sovviene il motto degli antichi greci *mens sana in corpore sano* e rifletto sul significato di quelle parole: non è solo un modo di dire, ma esprime un dato di fatto reale che dovrebbe diventare un riferimento per tutti, a qualsiasi età.

Al telefono con mio figlio

Questa sera il mio Iridium fa i capricci e ho difficoltà a collegarmi con i satelliti per prendere la linea. Finora è successo poche volte di non riuscire a parlare. Siamo ormai talmente abituati a comunicare ovunque con il cellulare che non ci rendiamo conto dei problemi che possono verificarsi. Guardo con rispetto l'apparecchio che tengo in mano: è grande quanto una radio ricetrasmittente e pesa pochi etti, altra cosa rispetto ai due chili e mezzo del telefono che avevo in Cina, ed è molto più sicuro e semplice da usare. Sono in mezzo al deserto australiano, nel cuore del continente più sperduto della terra, e mi lamento perché cade la linea? C'è di che vergognarsi. Aspetto qualche minuto, mi sposto di pochi metri e riprovo: adesso funziona. Ho voglia di sentire le voci di casa, chiamo Max. La voce dall'altra parte del pianeta arriva chiara; è felice di sentirmi. Dopo i soliti «come stai, tutto a posto?» arriva la domanda che mi aspettavo: «Hai visto serpenti? Quanti? Sono grossi?» Lo tranquillizzo raccontandogli l'incontro di oggi però riveduto e corretto per non spaventarlo troppo. Parliamo solo qualche minuto ma fa bene a entrambi risentirci, quando ci si conosce a fondo è facile capire dal tono della voce se tutto va bene oppure se ci sono dei problemi; non trovarsi l'uno davanti all'altro aiuta ad aumentare la concentrazione e diventa più semplice riuscire a cogliere ogni sfumatura. Sono più serena quando chiamo il team: racconto che anche stasera ho trovato l'acqua, ora che la vegetazione è più rada diventa abbastanza facile vedere il segnale, e chiedo se hanno individuato il modo per riparare il computer. Pare che finalmente sia tutto sistemato e hanno ripreso a comunicare con l'Italia: «E la francese? Avete notizie?» Un attimo di pausa poi: «No, nessuna notizia, appena ci sono novità ti avvisiamo». Accidenti, sanno qualcosa e non vogliono dirmelo: dove sarà adesso? Inizio a fantasticare sulla mia avversaria, calcolo i giorni e i chilometri che ci separano: dunque, se lei accelera e io invece rallento potrebbe anche raggiungermi prima della fine. Che brutto scherzo sarebbe vedermela passare davanti l'ultimo giorno! O ancora peggio arrivare insieme sull'ultima duna dopo quattrocentocinquanta chilometri di deserto e finire con una volata! «Carla smettila, stai vaneggiando!» grido a me stessa mentre tento invano di cancellare le visioni. Un processo di mutazione sta trasformando il gioco in pericolo. Devo impormi di tenere sotto controllo la carica emotiva che sta diventando una minaccia per il mio equilibrio: se riesco a contenerla entro livelli di raziocinio accettabili diventa uno stimolo positivo molto utile per andare avanti, ma se dovesse progressivamente superare i confini della logica allora rischierebbe di degenerare in paranoia, con tutte le conseguenze negative che ne deriverebbero. In situazioni così vicine al limite estremo non è facile distinguere la realtà dalla fantasia, si è immersi in una condizione talmente diversa da quelle che siamo abituati a gestire che anche i parametri di riferimento inevitabilmente cambiano e i confini vanno ridisegnati ogni volta. Silenzio, solitudine, fatica stabiliscono ogni giorno nuove regole spesso difficili da rispettare e solo mantenendo intatto il proprio equilibrio interiore è possibile comprenderle e accettarle.

Esco per fare pipì: è ancora buio e come sempre accendo la torcia per esplorare il terreno davanti alla tenda, è una semplice precauzione che ormai fa parte delle abitudini e mi fa sentire più tranquilla. Improvvisamente il fascio di luce inquadra un grosso ragno: sta camminando deciso verso l'apertura rimasta aperta, è talmente rapido che non trovo il tempo per impedirglielo. Lo guardo attonita mentre in un attimo si infila all'interno e sparisce in mezzo a tutta l'attrezzatura sparsa. E adesso dove vado a cercarlo? Sento l'angoscia che aumenta mentre incomincio a spostare con la massima attenzione il sacco piuma: so bene quanto possa essere pericoloso un ragno e il morso di un animale di quelle dimensioni, anche se non velenoso, può dare sicuramente dei problemi. Continuo a cercarlo dappertutto ma non è facile trovarlo al buio, può essersi infilato ovunque, tra gli abiti o in una delle innumerevoli custodie sparse in giro. Non oso muovermi troppo per paura di provocare una sua reazione e continuo gattoni con la massima cautela a spostare ogni oggetto. La ricerca va avanti, è estenuante: sto consumando un sacco di luce ma non ne vengo a capo, del ragno neanche l'ombra. So bene che non posso rischiare di tornare a rilassarmi fino a quando non lo trovo e so che devo assolutamente trovarlo: incomincio ad avere paura. A un tratto, con la coda dell'occhio scorgo qualcosa: dietro a una delle mie scarpe nell'angolo più nascosto accanto all'entrata vedo un movimento impercettibile: con la massima cautela mi preparo a sollevare la calzatura attenta a ogni mossa. So che alcuni ragni sono capaci di saltare quando sono spaventati e il pensiero di trovarmelo addosso mi fa rabbrividire. È lì, nascosto tra la scarpa e la tenda. Per un attimo sono combattuta tra la pietà per l'animale e l'istinto di sopravvivenza, poi la ragione consiglia la scelta più razionale e a malincuore sono costretta a ucciderlo. Mentre afferro il corpo con le mani per gettarlo fuori, continuo a ripetermi che non potevo fare altro, un ragno in tenda può essere davvero pericoloso, però mi dispiace: avrei preferito vederlo allontanarsi da solo.

Intenso traffico

Il fisico risponde bene, ormai si è completamente adattato all'ambiente e ai ritmi di marcia e mi accorgo di camminare più sciolta e di sopportare meglio la fatica: finalmente inizio a godermi il deserto. Il panorama sembra sempre uguale ma a osservarlo con attenzione ci si accorge che sta cambiando ancora. Il deserto è un luogo strano che si lascia scoprire poco alla volta: a un osservatore superficiale può sembrare ripetitivo e monotono, ma a chi ha la voglia e la capacità di approfondirne la conoscenza regala continue novità e rivela i suoi segreti più intimi e nascosti. I bassi cespugli adesso si alternano a piccoli alberelli contorti che in alcuni punti si riuniscono a formare specie di boschetti piuttosto rinsecchiti. Mi spingo in mezzo a uno di questi gruppi attirata da una pianta diversa dalle altre, e quando mi avvicino scopro una cosa incredibile: è tutta ricoperta di minuscoli fiori bianchi. Guardo l'ora, manca poco alla solita sosta e decido di approfittare del nuovo regalo che mi offre il deserto: distesa sotto il candido riparo penso che a volte è sufficiente una piccola cosa come quest'alberello per sentirsi bene e per riprendere rapidamente nuove energie. Mentre circondata dalle solite mosche aspetto che il caldo scivoli via, lascio vagare lo sguardo tra i rami fioriti e penso: cosa si può desiderare di più?

Sto per arrivare sulla cima dell'ennesima duna, alzo gli occhi e... non ci credo! Vado quasi a scontrarmi con un cammello, il più grande che abbia mai visto, che ha risalito la stessa duna ma dalla parte opposta. La parete di sabbia ha fatto da barriera sonora e visiva e nessuno dei due si è accorto della presenza dell'altro. Sembra la sequenza di un cartone animato: per un attimo ci fissiamo increduli, entrambi troppo stupiti per avere paura, poi è l'animale a reagire per primo e scarta di lato iniziando a galoppare sul costone di sabbia con la tipica andatura ondeggiante. Ho modo di osservarlo mentre si allontana: in realtà è un dromedario, del tutto simile a quelli della carovana del Tenéré ma più alto e molto più massiccio, di un caldo colore beige dorato. La grande gobba piena di grasso che costituisce la sua scorta di cibo è il segnale che l'animale mangia a sufficienza ed è in buone condizioni di salute. Incomincio a ridere come una matta pensando all'incontro sulla duna: e se ci fossimo scontrati? Sicuramente avrei avuto dei bei problemi! Già, ma come avrei fatto a descrivere l'incidente? Chi avrebbe creduto al racconto di un frontale con un dromedario in mezzo al deserto? L'immagine è talmente buffa che scoppio di nuovo a ridere e continuo fino a quando gli occhi si riempiono di lacrime.

Arrivano! Lo schiamazzo che man mano riempie lo spazio annuncia il volo di una quantità dei soliti pappagalli grigi e rosa: sono bellissimi. Tutti insieme si posano ai piedi di un albero quasi spoglio a pochi metri da me e incominciano a beccare il terreno intorno senza smettere di chiamarsi. Rimango ferma per qualche minuto, poi lentamente muovo qualche passo verso di loro, per guardarli più da vicino. Mi accosto piano mentre quelli continuano a mangiare, sembrano tranquilli anche se a turno alzano la testa per controllare ogni movimento. Quando supero la distanza di sicurezza che hanno stabilito di mantenere tra di noi, incominciano a spostarsi lentamente senza interrompere il pasto: hanno all'incirca le dimensioni di una grossa tortora e le penne che li rivestono sulla parte superiore sono sfumate in varie tonalità di grigio chiaro. I lati della testa e la gola invece sono di un rosa carico che va a sbiadire fino al bianco che ne copre il petto. Sono circa una trentina, tutti uguali tra di loro e altrettanto affamati, a giudicare dall'impegno con cui cercano il cibo ai piedi dell'albero. Finalmente sazi, si alzano in una confusione di ali e di grida rauche fino a sparire. Appena se ne vanno vado a curiosare sotto l'albero per capire cosa stavano mangiando: scopro per terra dei semi quasi nascosti dalla sabbia che sembrano piccole nocciole, duri e di colore marrone chiaro. Mi ricordano quelli del Kalahari e avrei voglia di assaggiarli ma mi trattengo: senza Kase accanto a indicare cosa è commestibile preferisco evitare guai e per una volta vado contro il mio impulso di provare un nuovo sapore e mio malgrado resisto alla tentazione.

Una prova difficile

Si avvicina la zona dei laghi salati: il Simpson nasconde al suo interno delle distese di terreno pianeggiante dove è presente una notevole umidità unita a una concentrazione di sale maggiore rispetto alle altre zone incontrate finora. In ogni deserto c'è sale in abbondanza e anche il Simpson non fa eccezione, ma qui è davvero pericoloso. Simili ai *pan* del Kalahari, si distinguono nettamente anche a grande distanza tra la morbida sabbia rossa che domina il panorama e presentano le stesse caratteristiche dei laghi d'acqua, con i contorni delle sponde ben definiti: la superficie appare ruvida, di colore grigiastro, e nasconde le stesse insidie delle distese salate del deserto africano; nella parte centrale l'impasto tra sabbia e sale dà origine a una fanghiglia umida molto pericolosa che tenta di risucchiare qualsiasi cosa ci finisca in mezzo. Il primo che incontro è un piccolo bacino largo poche centinaia di metri, ma sufficiente a farmi capire che non si può scherzare. L'acquazzone dei giorni scorsi ha contribuito a peggiorare le condizioni del terreno che mi trovo davanti e che mio malgrado sono costretta ad attraversare. Mi fermo a osservarlo e intanto valuto se non mi convenga fare una deviazione per aggirare l'ostacolo: il terreno intorno è molto difficile, pieno di cespugli spinosi e con profonde spaccature nella sabbia che mi costringerebbero comunque a numerosi cambi di direzione per arrivare dall'altra parte. Decido di affrontarlo e lo considero una specie di esame preliminare: meglio che incominci subito a conoscerlo per capirne le difficoltà e non arrivare impreparata in mezzo ai grandi laghi che mi aspettano comunque più avanti. Rallento l'andatura e procedo tastando il terreno davanti ai piedi con le racchette per verificarne la tenuta: la superficie è piuttosto viscida ma il fondo è più compatto e sembra reggere bene il mio peso, si vede che la pioggia non è riuscita a penetrare a fondo nel terreno e questo mi permette di andare avanti senza troppa fatica, anche se devo stare attentissima a dove appoggio i piedi: basta un attimo di distrazione per scivolare ed è l'ultima cosa che vorrei che succedesse. Arrivo dall'altra parte del lago indenne ma con le scarpe completamente coperte di fango: è molto difficile e faticoso procedere su un fondo così viscido dove ogni passo richiede uno sforzo notevole per mantenere l'equilibrio e dove anche la concentrazione deve essere costante. Sbatto con forza i bastoncini uno contro l'altro per liberarli dalla fanghiglia molle che si è appiccicata intorno alla base poi li adopero per ripulire alla meglio anche le scarpe, ci penserà la sabbia a portare a termine il resto. È un sollievo sentire di nuovo sotto i piedi il contatto con il terreno soffice: meglio sprofondare nella sabbia che lottare con l'insidia del fango. Purtroppo, però, dura poco: incomincio già a distinguere, a qualche centinaio di metri, il contorno di un nuovo bacino salato che si delinea netto tra le basse dune. Sembra poco più grande del primo e quando me lo trovo di fronte mi accorgo che la parte centrale è più umida rispetto a quello che ho appena attraversato. Ritorna la tensione mentre mi preparo ad affrontare la nuova traversata, cerco di individuare in tempo le zone più pericolose. Il cielo ritorna a coprirsi e la visibilità sta cambiando: il grigiore che incomincia a diffondersi non aiuta a individuare le chiazze umide, e io sono costretta a rallentare la marcia mentre con le racchette continuo a saggiare il terreno prima di ogni passo. «Finalmente anche questo è andato!» esprimo il pensiero ad alta voce per sfogare la tensione e come premio decido di regalarmi una sosta per ripulire alla meglio dal fango la parte inferiore delle gambe. Seduta nella sabbia asciutta, ne prendo alcune manciate e incomincio a strofinarmela addosso, poi levo anche le scarpe e, dopo averle sbattute una contro l'altra per eliminare la maggior parte della poltiglia che è rimasta appiccicata, le immergo nel terreno e le sfrego con forza. In pochi minuti tutto ritorna all'aspetto originale, pulito dall'insostituibile opera della sabbia. Per tutto il giorno trovo sul percorso davanti a me una quantità di piccoli laghi salati da superare, a volte grandi poco più che pozzanghere, altre invece sono dei veri e propri bacini che si stendono per centinaia di metri circondati da bassi contrafforti sabbiosi quasi insuperabili, coperti come sono da un intrico di bassi cespugli spinosi che si stendono quasi ovunque a nascondere le insidie di buchi e spaccature che si aprono nel terreno. Nonostante abbia ridotto la fermata di mezzogiorno a una sola ora per recuperare tempo, la media che riesco a tenere si è abbassata e risento non poco della fatica di dover avanzare alternando al solito terreno le distese di fango. Approfitto delle zone asciutte fra un lago e l'altro per aumentare l'andatura il più possibile, l'immagine della francese è sempre davanti agli occhi della mente a ricordarmi che non posso mollare, neppure per un attimo.

Arrivo a un piccolo boschetto di bassi alberelli contorti: alzo lo sguardo e mi trovo davanti il lago quasi all'improvviso, anche se l'incontro è stato preannunciato dalla carta geografica che ho nello zaino e che consulto regolarmente. Sulla mappa è indicato come una macchia azzurro pallido ma vederlo dal vero è ben diverso: il grande lago salato è proprio qui davanti e si allunga in ogni direzione a riempire tutto lo spazio che riesco ad abbracciare con lo sguardo. È una massa continua color grigio piombo, accentuata dal cielo ormai diventato tutto dello stesso colore uniforme, uno spettacolo che mette angoscia solo a guardarlo. Tuttavia riesce ugualmente a essere affascinante, se non altro per l'incredibile contrasto che genera il trovarsi davanti a una simile espressione della natura proprio qui, nel mezzo della regione più arida dell'intero continente australiano. Non sono ancora le cinque del pomeriggio ma per effetto delle nuvole il buio sta arrivando prima del solito. Incomincio a montare il campo al riparo del boschetto, massacrata più del solito dalle mosche, che forse risentono del tempo e mi stanno facendo impazzire. Mi piacerebbe stare un poco fuori dalla tenda affacciata sul lago a godermi lo spettacolo, ma è impossibile: faccio appena in tempo a vedere quattro bellissimi pappagalli bianchi intenti a mangiare a poca distanza da me, prima di chiudere la cerniera che finalmente sbarra la strada agli insetti che si sono attaccati alle pareti esterne della tenda ad aspettare che esca. Esasperata, a intervalli mollo delle manate che hanno l'unico effetto di provocare un momentaneo scompiglio all'interno del gruppo: attraverso il tessuto leggero le vedo sollevarsi in un turbine di punti neri per un breve volo e ritornare subito dopo a posarsi dov'erano, come se una coperta scura venisse calata improvvisamente dall'esterno a ricoprire la superficie della tendina. Sono costretta a restare dentro anche per mangiare e per la seconda volta accendo il fornello all'interno, giusto il tempo per riscaldare un po' d'acqua: ho bisogno di bere del brodo caldo per recuperare energie. Finalmente spengo il fuoco e incomincio a rilassarmi mentre sorseggio la bevanda calda e semisdraiata osservo l'unico panorama che posso permettermi: quello dello sciame compatto di mosche che, eccitato dall'odore del brodo, sembra aumentare e moltiplicarsi all'infinito.

Attraverso il piccolo spazio aperto delle due mezze lune collocate in alto e protette dalla zanzariera, vedo neri nuvoloni rincorrersi in cielo sospinti da un forte vento che solo a tratti arriva a terra: sono preoccupata, sembra che stia per prepararsi un nuovo acquazzone e con la prospettiva del lago da attraversare domani l'angoscia comincia ad aumentare. In attesa dell'ora del collegamento telefonico, nel tentativo di distrarre la mente da pensieri negativi, approfitto dell'ultima luce per fare un controllo generale. Mi accorgo che la pelle degli avambracci e quella delle gambe, per tutto il giorno esposta al sole e all'aria, è praticamente cotta e ha preso un colore simile a quello del cuoio bruciato. Per tentare di ammorbidirla un poco provo a spalmare sulle gambe, risalendo dal basso, uno strato della crema che uso di solito per i piedi, mi sembra la più grassa fra tutte e sento subito una fresca sensazione di benessere diffondersi sull'epidermide rinsecchita. Soddisfatta della scoperta la stendo anche sulle braccia e inizio a massaggiarle: pare che funzioni, la pelle assorbe in un attimo il nutrimento e mentre continuo il massaggio in pochi minuti la sento distendersi mentre diminuisce la fastidiosa sensazione di secco.

Piove ancora

Il timore diventa realtà e appena scende il buio incomincia a piovere. I grossi nuvoloni che ho visto poco fa spinti dal vento si sono addensati sul lago e ora rilasciano con forza la massa d'acqua che trasportano dentro di sé. Lampi improvvisi squarciano la notte, alcuni vanno a scaricarsi sulla superficie umida del lago illuminandola a giorno con una luce quasi bluastra, terrificante, seguiti da tuoni secchi che mi fanno saltare ogni volta dalla paura. Nel tentativo di superarla, immagino che là fuori ci sia uno spettacolo pirotecnico, ma non è facile: sono da sola in una tendina nel deserto, tagliata fuori dal resto del mondo nel pieno di un temporale vicino a una vasta superficie umida e, per completare il quadro negativo, sono accampata in un boschetto di alberi quasi secchi: difficile riuscire a mantenere il controllo dei nervi! Le prove affrontate fin qui hanno logorato buona parte della mia resistenza fisica e psicologica, mi rendo conto che avrei bisogno di un pausa per rigenerarmi e riuscire a recuperare la padronanza dei nervi ma non sono io a decidere: è il deserto, ancora una volta, a dettare le regole del gioco, io posso solo sperare di uscirne viva. Come nella precedente occasione, avvolgo tutto il materiale delicato nella plastica, mentre l'acqua lentamente inizia a gocciolare dalla cerniera. Sistemo come protezione il solito asciugamano che strizzo nel pentolino per evitare di aprire il telo e mi rannicchio di nuovo nel centro del materassino cercando di mantenere asciutto quello che posso: la copertura esterna è la stessa che ho già sperimentato qualche giorno fa, speriamo che resista anche stanotte. Le ore passano lentissime nella tenda scossa dal vento e illuminata a giorno dalle saette; a occhi chiusi e con le mani sulle orecchie per esorcizzare la paura, aspetto. Il temporale pian piano si esaurisce per lasciare posto a una pioggia continua, estenuante, che non finisce mai. Riesco a dormire solo per pochi minuti, seduta con la schiena appoggiata allo zaino e le ginocchia raccolte al petto, avvolta nel sacco piuma che tento disperatamente di mantenere asciutto anche se ogni volta che mi sposto i suoi lembi, finendo a contatto con il pavimento ormai fradicio, si inzuppano d'acqua. Ogni tanto accendo il fornello per riscaldare l'interno e per diminuire il tasso di umidità ormai altissimo, conosco il rischio che corro e sto molto attenta a tenere sotto controllo la fiamma. Nonostante il vantaggio di tale operazione si riveli quasi insignificante in rapporto alla tensione che procura, in realtà la luce del fuoco acceso e il poco calore che riesce a sprigionare mi danno una mano a superare le lunghe ore che mi separano dal giorno.

Lo stimolo si fa più forte con il passare del tempo; cerco di ignorarlo ma all'improvviso realizzo che da quando sono arrivata nel boschetto, occupata com'ero a difendermi dalle mosche mentre sistemavo il campo, non me ne sono preoccupata e ora in piena notte sento la vescica premere dolorosamente: devo fare pipì. In condizioni normali, è sufficiente aprire la cerniera e uscire, ma non qui, non questa notte. Anche se lampi e tuoni sono ormai lontani dal punto in cui mi trovo, la pioggia continua a cadere e nel poco tempo che impiego a svuotare la vescica mi ritroverei con quello che ho addosso, e che finora sono riuscita a salvare almeno in parte, completamente fradicio, con la prospettiva di passare il resto della notte a tremare di freddo nei vestiti bagnati. Non ho scelta: allungo la mano verso il pentolino che uso per cucinare e che ora è sotto la cerniera per raccogliere l'acqua che sta filtrando, lo svuoto rapidamente all'esterno e lo adopero per fare pipì. Poi getto il contenuto il più possibile lontano dalla tenda e tengo il braccio teso fuori per qualche istante nel tentativo di risciacquare il pentolino con la pioggia, infine lo risistemo dove stava prima. «Almeno le mosche se ne sono andate!» penso per consolarmi, sono talmente stanca che mi manca perfino la forza di parlare ad alta voce. Accendo per un attimo la torcia e guardo l'interno della tenda per un rapido controllo: sembra incredibile, ma la piccola struttura sta reggendo benissimo e l'acqua che c'è all'interno è per la maggior parte effetto della condensa che continua a formarsi. Non riesco ancora a credere di trovarmi in mezzo al deserto: ho già provato nel corso dei tanti viaggi che ho fatto con mio marito per passione o per girare documentari a trovarmi in condizioni simili con la tenda fradicia d'acqua, però c'è una bella differenza tra passare la notte in un campo in Amazzonia, in Borneo o in Papua Nuova Guinea, dove le piogge sono considerate parte integrante del viaggio, e affrontarle qui, da sola, nel mezzo del Simpson Desert.

Sabbie mobili

Una grigia luce incomincia a dar corpo alle ombre, preludio di un'alba senza colore, accompagnata da una pioggerella insistente e triste che continua a cadere senza interruzione: ho l'impressione di aver piantato la tenda nella Pianura Padana nel mese di novembre. Mi affaccio, e tutto quello che riesco a vedere ha il colore della cenere, cielo e terra formano un'unica massa informe priva di contorni mentre il lago, ancora più cupo e minaccioso di ieri, sembra fondersi a sua volta nell'opera monocromatica che mi sta davanti. Mi rassegno e aspetto che smetta di piovere, è l'unica cosa che mi resta da fare: impossibile pensare di ripartire sotto l'acqua, rischierei di buttare via tutto il materiale. Fino a quando la tenda riesce a reggere anche se bagnata, rimane pur sempre una protezione valida, poi si vedrà. Il telefono ha ormai poca carica, sono le sette del mattino quando decido di chiamare la squadra per tranquillizzare i miei compagni, se il contatto dovesse interrompersi sanno almeno che ho passato la notte e sto bene. Risponde subito Oscar, più agitato che mai e continua a ripetere le stesse cose, poi finalmente si calma un poco e racconta che hanno avuto un sacco di problemi con il campo: le tende si sono tutte allagate e anche la tenda mensa non ha retto e si è riempita d'acqua, pare che stiano peggio di me. Vorrei tanto dirgli che preferisco non farmi carico anche dei loro problemi, i miei sono già sufficienti, ma resisto alla tentazione: capisco bene che stare ad aspettare giorni interi in queste condizioni contribuisce a far lievitare la tensione, però io cosa posso farci? Mentre va avanti a lamentarsi, la rabbia che sento montare dentro mi consiglia di interrompere la telefonata: con la scusa che la batteria si sta scaricando lo saluto, restiamo d'accordo che terranno il telefono sempre acceso, chiamerò ancora io quando il pannello riprenderà a caricare. Mentre ripongo l'apparecchio nell'involucro di plastica, sono furente: con alle spalle una notte in bianco e davanti la prospettiva del lago da attraversare faccio fatica a partecipare alle loro preoccupazioni. Per calmare la rabbia e per far passare il tempo ho un'unica risorsa: prendo in mano il libro e incomincio a leggere. Alle dieci e mezzo finalmente smette di piovere. In fretta e furia smonto il campo e in qualche maniera impacchetto tutto: mi sto chiedendo se anche la francese ha passato una notte immersa nel bagnato e se è già in marcia, sicuramente sì, non ha altro di cui preoccuparsi! Muovo i primi passi in direzione del lago: il peso dello zaino per effetto di tutta l'acqua assorbita e della sabbia che si è attaccata ovunque è aumentato, sembra addirittura raddoppiato. Dalla sponda mi fermo a osservare la distesa che ho davanti; è davvero impressionante: ovunque riesco ad arrivare con lo sguardo non c'è altro che fango grigio che la pioggia ha trasformato in una trappola insidiosa. Sarebbe stato sufficiente arrivare un giorno prima per trovare un terreno più compatto, simile a quello dei piccoli laghi che ho attraversato prima di questo, adesso invece tutto è maledettamente più complicato. Esamino le alternative che mi restano, ma non ce ne sono: fermarmi ad aspettare è fuori discussione, ci vuole almeno una settimana prima che il terreno si asciughi; ammesso che non riprenda a piovere, rischierei di trovarmi bloccata per un tempo indefinito, senza speranze. Tentare di aggirarlo è impossibile: con gli occhi seguo il contorno delle sponde ma non riesco a distinguerne la fine. Devo rassegnarmi all'unica soluzione che rimane: attraversarlo. Dalla carta ho rilevato che nel punto più breve la larghezza è di circa un chilometro e mezzo, non so quanto tempo ci vorrà per venirne fuori. Incomincio a prepararmi: senza levare lo zaino appoggio prima un piede e poi l'altro su un pezzo di legno che sporge dal terreno e mi abbasso a stringere il più possibile i lacci delle scarpe che copro con le calze. Addosso ho i pantaloni corti, anche se non fa caldo sono i più adatti per muoversi nella fanghiglia che altrimenti mi si attaccherebbe addosso appesantendomi ancora di più. Tiro al massimo le cinghie dello zaino per farlo aderire il più possibile alla schiena e dopo un'ultima occhiata ai bastoncini do il via alla traversata. Capisco subito che non ci sono passaggi migliori rispetto ad altri, anche se numerose depressioni quasi impercettibili indicano i punti in cui si è raccolta la maggiore quantità d'acqua, il fango è ovunque e subito ci affondo i piedi. La sensazione è terribile, sento il terreno imprigionare ogni passo e chiudersi rapido per impedire il movimento successivo. Punto entrambi i bastoncini con forza e per riuscire a liberare un piede non posso fare altro che sollevare la gamba ad angolo retto portando il ginocchio verso il petto con tutta l'energia che riesco a trovare; poi faccio lo stesso con l'altro e così di seguito senza fermarmi. Procedo a scatti, molto lentamente per non sbagliare l'appoggio e cercando di mantenere l'equilibrio con l'aiuto dei bastoncini: è una fatica immane. Il terreno umido si attacca alle scarpe trasformandole in uno stivaletto di fanghiglia compatto e pesante che a volte arriva a superarne il bordo, scivolando fin dentro le calze. Ho la sensazione di essere sempre ferma nello stesso punto, incomincio a sudare e sento la camicia inzupparsi sulla schiena a contatto con l'imbottitura dello zaino, mentre ogni volta che sollevo i bastoncini per spostarli uno schizzo di fango mi arriva addosso e si attacca alle gambe nude. Con la forza della disperazione vado avanti senza sollevare la testa; cammino piano, un passo dopo l'altro senza fermarmi per non perdere la coordinazione dei movimenti, attentissima a non scivolare: se dovesse succedere non so come farei a rimettermi in piedi. Sono entrata quasi in uno stato di trance dove sono i battiti del cuore e il ritmo respiratorio a scandire il tempo, mentre l'unico rumore che riesco a percepire è quello dei passi che si alternano nel risucchio della melma salata. A intervalli lancio uno sguardo verso la sponda del lago davanti a me, sembra sempre alla stessa distanza, irraggiungibile, ho l'impressione che ci stiamo spostando insieme.

Lo sforzo è incredibile, mi sento quasi schiacciare tra il peso dello zaino e quello del fango che ho attaccato addosso e sulle racchette, ma devo farcela, a qualunque costo. Impiego quasi due ore per fare un chilometro e mezzo e quando arrivo dall'altra parte mi lascio cadere esausta sulla sabbia con tutto il carico ancora sulle spalle. Quando riapro gli occhi mi accorgo che dalle ginocchia in giù sono coperta da uno strato grigio, sembro una statua di melma bagnata. Abbrutita dallo sforzo e dalla sporcizia, ho l'impressione di avere toccato il fondo; per distrarmi penso a quando tornerò a casa: ho deciso che per un bel pezzo indosserò solo abitini e scarpe con il tacco e, anche se già so che non manterrò fede al proposito, l'immagine che sto disegnando con la mente mi aiuta almeno a superare lo sconforto.

Uno strano incontro

Un pallido sole si affaccia dalle nuvole che hanno accompagnato la traversata del lago: «Meno male, mancava solo di dover camminare con il sole addosso, mi sarei arrostita là in mezzo», penso mentre finisco di ripulirmi in qualche modo. Devo recuperare il tempo perso e, mentre accelero l'andatura, decido che la sosta di oggi sarà molto breve, giusto il tempo di riposare le gambe e prendere gli integratori, non mi concedo neppure il brodino. Purtroppo non riesco a fare asciugare il materiale ancora bagnato dalla notte di pioggia, ma sto accumulando troppo ritardo e sono agitata. Vorrei allontanarmi il più possibile dal lago per evitare l'umidità, ma per riprendere la rotta sono costretta a costeggiarlo per diverse ore, e quando mi fermo a montare il campo sono quasi le sei di sera. Mi toccherà dormire ancora nel bagnato. La tenda trasuda umidità e il clima da foresta pluviale ha l'unico vantaggio di farmi consumare poca acqua; mi consolo pensando che da domani ritroverò finalmente la sabbia che mi accompagnerà fino al termine. Il tempo è migliorato e una splendida luna piena sorge dietro le dune e illumina a giorno il deserto: la luce che emana è talmente forte che dall'interno della tenda ho l'impressione di scorgere un grosso lampione giallo acceso per segnalare il campo. Abituata a dormire al buio, ho difficoltà a prendere sonno con tanta luce addosso e penso a quanto è successo negli ultimi giorni, alle grandi prove che il deserto mi ha costretta ad affrontare per andare avanti, ma anche ai regali che mi ha fatto. Contrariamente a ogni previsione e grazie anche alla pioggia, le temperature, anziché salire, sono diminuite progressivamente rispetto alla media stagionale e mi permettono di tenere un buon ritmo, nonostante le difficoltà che ho dovuto superare. Cerco di immaginare come sarebbe stato muoversi qui se fosse continuato il grande caldo dell'inizio e se la stagione avesse avuto l'evoluzione che mi aspettavo: sicuramente non sarei a questo punto e il problema dell'acqua avrebbe contribuito a rallentare ancora di più la marcia.

Sento una nuova energia diffondersi in ogni fibra del corpo: la traversata non ha lasciato lo strascico di fatica che mi aspettavo, anzi, l'essere riuscita a vincere il grande ostacolo costituito dal lago salato sembra aver rigenerato quasi per incanto le risorse fisiche e mentali che si erano abbassate a livelli preoccupanti e il mattino seguente, quando mi sveglio alle quattro e mezzo, con sorpresa mi accorgo di essere riposata e pronta a ripartire. Attacco subito il primo cordone di dune e mi riprometto di verificare la media che riesco a tenere durante la giornata; dopo la prima ora, quando mi fermo a controllare il GPS, quasi non credo ai miei occhi: cinque chilometri e trecento metri, fantastico! Riesco a mantenere lo stesso ritmo anche per l'ora successiva; poi, con l'aumentare del caldo, scende e si stabilizza intorno ai quattro chilometri, una performance di tutto rispetto che mi riempie di orgoglio. Come ricompensa questa sera mi fermo prima del solito e, se le mosche me lo permetteranno, desidero godermi finalmente un tramonto e fare asciugare con calma il materiale. Sono in tenda, impegnata a fare l'inventario di tutti i miei beni, quando improvvisamente sento all'esterno un rumore sconosciuto. Mi blocco e aspetto in silenzio, eccolo di nuovo. Sembra un rumore di passi ma è molto forte e non ha nulla di umano; è come se qualcuno stesse percuotendo con forza il terreno intorno: cosa diavolo può essere? Scivolo piano verso l'entrata cercando di non fare rumore anche se il cuore va a mille e inizia a martellare contro le tempie. È un suono che non ho mai sentito prima e sono combattuta tra la paura e la curiosità di scoprire cosa sia a provocarlo. Gattoni mi sporgo per guardare fuori ma non vedo nessuno, allora in silenzio esco del tutto; rimango rannicchiata al riparo della tenda e pian piano mi allungo nel tentativo di aumentare la visuale, ma sono troppo in basso e non riesco a scorgere niente. Prendo il coraggio a due mani e lentamente mi alzo in piedi; appena giro lo sguardo verso il lato sinistro, sento mancarmi il fiato: a meno di due metri di distanza un uccello simile a un piccolo struzzo si sta esibendo in una serie di scatti improvvisi intorno alla tenda. Non capisco se mi vede oppure finge di ignorarmi mentre continua la strana danza fatta di attacchi simulati e fughe improvvise, senza però mai allontanarsi troppo dal campo. Resto immobile a osservarlo: è un emu, il tipico uccello dei grandi spazi australiani. Vorrei allungare la mano a prendere la macchina fotografica appoggiata vicino a me ma non oso fare alcun movimento, mi rendo conto che basta poco a farlo fuggire e non voglio perdermi un simile spettacolo: decido di fotografarlo con gli occhi anche se darei qualsiasi cosa per scattare una foto. Improvvisamente cambia traiettoria e mi punta addosso: deve avermi visto. Sono terrorizzata:

con quel grosso becco e quegli artigli affilati, se decidesse di colpirmi potrebbe fare molto male e non avrei modo di difendermi. Osservo la regola che vale con tutti gli animali in caso di attacco e mi irrigidisco come un cane da caccia in ferma, continuo a seguirlo con lo sguardo nonostante la paura. Arriva vicinissimo, calcolo che potrei toccarlo allungando il braccio; poi scarta fulmineo con le ali aperte per bilanciare l'improvviso cambio di direzione e si allontana di qualche metro, fermandosi ancora. Non muovo un solo muscolo, perfino le mosche sembrano scomparse e, nonostante la tensione, sento la paura di poco prima sciogliersi lentamente. Cerco di fissare nella memoria ogni dettaglio dell'animale che adesso riparte per un nuovo attacco, anche lui sembra più rilassato e le movenze assomigliano sempre di più a una danza. Le piume che lo rivestono sono di diverse tonalità di grigio, morbidissime e talmente leggere che durante le brevi corse accompagnano il movimento dell'uccello ondeggiando, come se il dorso venisse percorso da brividi continui. A ogni cambio di direzione l'aria le fa sollevare come un ventaglio dell'Ottocento e i raggi del sole che le illuminano in controluce formano un'aureola argentata che ne definisce i contorni. Sono affascinata dallo spettacolo: sembra di assistere a un balletto, sottolineato dal battito delle zampe sul terreno simile a un applauso attutito. Non so neppure quanto tempo sia passato: improvvisamente l'emu si gira e incomincia a risalire di corsa il cordone di dune che si staglia a poche decine di metri dal campo: dove appoggia le zampe piccole nuvolette di sabbia si sollevano a sottolineare l'incanto della visione mentre l'immagine si allontana in controluce accompagnata dagli ultimi raggi del sole, fino a quando scollina per scomparire in un bagno di luce argentea.

Rimango a lungo ferma a osservare la sommità della duna: spero di vederlo riapparire ancora una volta ma so che ormai è lontano. Sento i muscoli rigidi per la posizione forzata sciogliersi lentamente e riprendo contatto con la realtà: le mosche hanno ricominciato a volare noiose come sempre e l'ombra ormai fredda si allunga sulla pelle coperta solo dalla camicia ma non riesco ancora a staccare lo sguardo dal punto dove è scomparso l'animale, sembra tutto così irreale! Mi chino a osservare il terreno, è pieno delle tracce lasciate dall'uccello nei suoi passaggi: «Allora è successo davvero!» Incurante degli insetti mi lascio cadere in ginocchio nella sabbia; sto sorridendo di felicità e intanto mi rivolgo al deserto: «Grazie, non lo dimenticherò mai».

Quanti giorni sono passati?

La paura di essere raggiunta dalla francese ha in parte guastato il sapore dell'avventura australiana e le marce quasi forzate non lasciano il tempo per godere come vorrei delle forti emozioni che la traversata porta con sé. In compenso la competizione imprevista mi offre la possibilità di verificare fino in fondo per la prima volta il potenziale fisico e psichico di cui dispongo. Scopro che le energie, anziché esaurirsi, con il passare del tempo aumentano e sento che sarei in grado di camminare ben più a lungo di quanto stia facendo, se ciò si rendesse necessario. Quello che sembrava impossibile fino a qualche giorno fa ora appartiene alla realtà quotidiana; ho centrato il mio obiettivo e riesco a mantenere la media dei venticinque chilometri al giorno senza risentirne. Mi accorgo di avere ancora a disposizione una discreta scorta di forza su cui fare affidamento per ogni emergenza e, anche se mi giro ancora qualche volta per verificare che nessuno stia arrivando alle spalle, lo considero più un gesto scaramantico che non una sofferenza psicologica. So bene che, come sempre, il successo dell'impresa è sancito solamente dall'arrivo ma percepisco nettamente la grande forza che mi sta spingendo avanti, annullando tutti gli ostacoli reali e immaginari. Dai ragazzi arrivano poche notizie e nessuna conferma: la mia avversaria pare svanita nel nulla e l'incertezza contribuisce ad alimentare la fantasia ma non l'angoscia. Poche decine di chilometri mi separano ormai dall'arrivo e incomincio a prepararmi emotivamente ad affrontare il momento più difficile in assoluto, quello del distacco dal deserto. Questa volta sarà ancora peggio: è il mio ultimo deserto e la separazione sarà definitiva. Ho immaginato molte volte come avrei potuto gestire lo stato d'animo di queste ultime ore e ho sempre temuto di imbattermi in una sofferenza ben più grande di quella che sarei stata capace di affrontare e invece scopro che non è così. Il dispiacere che provo è calmo, controllato, fa parte della storia e ha una sua collocazione logica all'interno del percorso: non è in antitesi ma in equilibrio con tutto il resto, quindi lo accetto con la giusta serenità che merita. Un ciclo sta per chiudersi e la separazione ne sancisce la fine, è normale che sia così.

Passo dopo passo mi avvicino sempre di più alla conclusione e mentalmente prendo commiato da tutti i compagni di viaggio che mi hanno seguita fino in fondo. Gli animali, che ho avuto occasione di incontrare in tutti questi giorni e che hanno reso il cammino meno monotono e faticoso con le loro splendide esibizioni ricche di significati. Li ricordo tutti, dai dingo ai serpenti, dai falchi ai cammelli, dalle iguane all'emu. Mentre li vedo sfilare davanti alla mente, un volo di stupendi pappagalli bianchi si avvicina passando appena sopra la testa e tutti insieme mi lanciano un saluto festoso. Incredibile: davanti a me, a pochi metri di distanza, ecco ancora il mio amico dingo. Mi osserva con le grosse orecchie tese verso il cielo. Non è passato giorno che non ne abbia visto le impronte nella sabbia e oggi anche lui è venuto a salutarmi, per sempre. Per l'ultima sosta di mezzogiorno mi fermo in un posto strano: accanto al residuo di una pozzanghera trovo una mezzaluna di sabbia finissima e quasi bianca, assomiglia a un lembo di tropici: la battezzo 'la spiaggia' e con le gambe allungate al sole sgranocchio l'ultimo pezzetto di frutta secca rimasto, annaffiato da qualche sorso di integratore all'arancia. Ho tutto quanto posso desiderare in questo momento e la consapevolezza di questo pensiero mi fa stare bene.

Per l'ultima volta ripiego il telo argentato e lo infilo nella tasca dello zaino; tutti gli oggetti che ho con me sono stati compagni di viaggio e li ringrazio: hanno fatto un ottimo lavoro. Cammino sciolta con mille pensieri che si affollano in testa: ricordo tutti i miei cari, gli amici, i collaboratori che hanno lavorato con me qua e in Italia e li nomino tutti, uno dopo l'altro, ringraziandoli ad alta voce. Anche questa volta il merito è tutto della squadra: è vero che le imprese sono in solitaria, ma senza l'aiuto di uno staff valido non andrei da nessuna parte e questo non posso dimenticarlo. Persa nelle mie riflessioni, arriva la sera senza che me ne sia accorta. Monto per l'ultima volta il campo e nonostante il vento resisto qualche minuto all'aperto per salutare da sola il deserto. Non resta più molto da dire: dopo dodici anni di grande amore ogni parola perde il suo significato, meglio lasciarci in silenzio. Un attacco di malinconia mi coglie impreparata e scoppio a piangere. Poi finisce di colpo come è iniziato, e per la prima volta sento tutta la solitudine del mondo addosso. Dura solo qualche istante ma sembra un'eternità, poi inizio a risalire dall'abisso e avverto ancora la sua presenza: il deserto è sempre qui, non mi ha abbandonata. Adesso sono sicura che non mi lascerà mai, sarà sempre con me e dentro di me per tutti i giorni a venire. Raccolgo qualche manciata di sabbia da portare a casa, presenza silenziosa ma reale. Mancava solo lui, il Simpson, alla mia collezione. Entro in tenda e mi preparo all'ultima notte, solitaria ma non da sola.

Ultima tappa

11 ottobre 2003, tra poco finirà anche questa avventura. Mi fermo su una duna a scattare le ultime immagini e scavo una buca nella sabbia per depositarvi un pacchetto avvolto in un pezzo di stoffa gialla strappato alla bandiera che segnalava l'ultimo rifornimento d'acqua. Contiene un biglietto e un regalo per il deserto, un oggetto che mi appar-

tiene e che ha viaggiato con me: è il nostro piccolo segreto. La malinconia di ieri sera è ormai un ricordo del passato e la nuova consapevolezza mi rende serena; tra poco dovrei cominciare a scorgere davanti a me l'imponente massa della Big Red, l'ultima grande duna rossa che segna la fine del Simpson Desert. Ne ho sentito parlare talmente tanto che non vedo l'ora di affrontarla. Dopo una lunga spianata che conserva ancora le tracce d'acqua dell'ultima pioggia eccola, finalmente: è la più grossa vista finora in Australia, morbida e bellissima con il suo colore così particolare. Anche se le dimensioni sono ben lontane da quelle delle grandi dune del Sahara e del Taklimakan, emana un fascino molto particolare.

Affronto il ripido muro di sabbia alto poco più di quaranta metri con tutta la grinta che ho dentro, ma senza cattiveria, sento il battito aumentare rapidamente, non per la fatica: è l'emozione che si fa sentire. Arrivo in cima e mi preparo a scendere dall'altra parte; là in fondo vedo le tende dell'accampamento del mio staff vicino alle auto, poi una piccola folla radunata ad aspettarmi. Prendo fiato e inizio la discesa: qualcuno lancia un grido e tutti si girano, poi iniziano ad alzarsi delle voci e infine parte un applauso. Ecco Oscar: abbandona la cinepresa e arriva di corsa per abbracciarmi, seguito da Daniele e da Don, poi piano si avvicinano tutti gli altri. Sono gli ottanta abitanti di Birdsville, la cittadina dove vive Don: si trova a qualche chilometro da qui ed è il primo centro abitato dopo il deserto. È strana la curiosità di queste persone: abituate a vivere isolate ai limiti del deserto, sembrano sorprese di vedere la donna che ha attraversato il Simpson da sola!

Oscar e Daniele incominciano a farmi domande: noto che hanno i visi segnati dalla stanchezza, il deserto questa volta si è accanito anche su di loro, perfino Don sembra affaticato mentre esprime la sua soddisfazione con grandi sorrisi e pacche sulla schiena. Sono stati davvero grandi, non potrò mai esprimere tutta la mia riconoscenza per quanto hanno fatto.

Una donna aborigena di mezza età con un bellissimo viso si avvicina, è la moglie di Don e mi porge un regalo da parte dell'intera comunità aborigena di Birdsville: una bottiglia di vetro che contiene a strati tutte le sabbie del Simpson Desert, con le differenti sfumature di colore. Sulla bottiglia vedo un'etichetta con la data di oggi e il mio nome, poi una frase in una lingua che non conosco, anche se immagino a chi appartenga: Don mi spiega che in lingua aborigena vuole dire orme nella sabbia.

Mi giro verso il deserto: con lo zaino sulle spalle come ho fatto in Cina mi inginocchio a ringraziarlo e sento le lacrime scorrere sotto lo chèche mentre affondo le mani nella sabbia e ne porto un po' al viso per baciarla ancora una volta. Un capitolo importante della mia vita si chiude qui; il destino ha voluto che dopo dodici anni riuscissi a realizzare il sogno impossibile. In un attimo rivedo tutti i miei deserti, rivivo ogni istante di fatica e di emozione, di gioia e di dolori, ma non rimpiango nulla, sono il mio grande tesoro che vale tutte le fortune del mondo e che nessuno potrà mai portarmi via, un patrimonio che sarò ben lieta di condividere con chi saprà amarlo e meritarlo quanto l'ho amato e meritato io.

Conclusioni

L'impresa nel Simpson Desert è durata venti giorni durante i quali ho percorso quattrocento chilometri.

Il 12 ottobre, giorno successivo all'arrivo, nell'ambulatorio medico di Birdsville sono stata sottoposta a una visita da parte della dottoressa responsabile del piccolo presidio, che ha provveduto anche a prelevarmi un campione di sangue per verificare lo stato di salute generale. Il risultato degli esami è stato in seguito inviato in Italia e i valori hanno rilevato una condizione più che soddisfacente, nonostante il grande sforzo al quale sono stata sottoposta. Questo sta a indicare che anche l'alimentazione alternativa che ho usato nel deserto si è dimostrata adeguata ed è stata in grado di sostenere il mio corpo sotto stress fisico. In totale ho perso cinque chili: anche se sembrano pochi in realtà la massa grassa è stata sostituita da quella magra e, considerato che i muscoli hanno un peso ben superiore a quello del grasso, quest'ultimo è stato completamente consumato dall'organismo durante l'impresa. Ho ripreso quasi subito ad alimentarmi in modo tradizionale e l'organismo si è adeguato senza fatica al cambiamento. La stessa sera abbiamo festeggiato il compleanno di Oscar con una cena annaffiata dallo spumante italiano che ci siamo portati da casa per l'occasione: il mio regalo è stato il Simpson Desert.

Dopo due giorni siamo partiti da Birdsville per il lungo viaggio di ritorno verso l'Italia, salutati da Don, da sua moglie e da tutti gli abitanti di questa cittadina in miniatura a ridosso del deserto.

Fino a questo momento nessuna traccia della francese: sembra davvero persa nel nulla. Anche in seguito Don, che si è impegnato a mandarci notizie, ha confermato che non ci sono state comunicazioni in merito a questo tentativo e nessuno dopo di me è arrivato dal deserto. Resterà uno dei grandi misteri del Simpson.

Non solo i nomadi ma anche gli australiani che abitano ai margini del deserto mi hanno insegnato molto: da loro ho imparato che la disponibilità, il calore umano e l'affetto sono valori senza confini, che si manifestano ovunque anche in condizioni di vita così diverse dalle nostre dove la solitudine è la regola e non l'eccezione. Grazie al deserto e all'esempio di chi ci vive in contatto quotidiano ho capito che stare soli è una situazione di privilegio che ci aiuta a ritrovare la parte migliore di noi stessi, quella che spesso giudichiamo una debolezza e che ci affanniamo a nascondere agli altri. Se impariamo anche noi, come loro, a trovare nelle pause di solitudine la capacità di esprimere liberamente le nostre emozioni, forse anche i nostri deserti quotidiani potranno diventare più accessibili e di sicuro saremo in grado di affrontarli con maggiore serenità.

Ringraziamenti

Desidero ringraziare di cuore tutti coloro che con il loro impegno e la loro grande professionalità hanno contribuito alla realizzazione del mio sogno e mi hanno sostenuto con tanto affetto, in particolare Cecilia Perucci, per avermi incoraggiata a continuare il percorso del racconto delle mie imprese. Un grosso ringraziamento va a tutti gli sponsor che hanno creduto in me e che mi hanno accompagnata passo dopo passo. Per il Deserto del Taklimakan sono grata al dottor Giardiello, presidente del gruppo Artime, insieme a Marco Francesconi, a Cristina Terragni e a Daniela Longo per avermi seguita nell'ultima avventura insieme. Grazie a Lele Paltrinieri, allora responsabile di Sector Cina, e ad Antonio Soccol, direttore del mai dimenticato 'No limits World' e a tutta la redazione. Un ringraziamento a Polartec con Alberto e Brigitte Vitali. Con profonda riconoscenza ringrazio: la ditta Ferrino con Rosanna e Giorgio Rabaioli, la ditta Columbia con Anna Ferrino, la ditta Tenax con il dottor Cesare Beretta, Focus Himalaya Travel con Renato Moro, il Comune di Segrate con Adriano Alessandrini e poi ancora i partners: la ditta Thrane & Thrane e Speeka con il dottor Pier Paolo Poli, la ditta Sinergy con il dottor Sandro Ligossi e Bruna Morelato, la ditta Named con il dottor Alessandro Orlandini, la ditta Enervit con il dottor Sorbini e il dottor Somenzini, la ditta Solarline con il signor Lamera, la ditta Sansò con il signor Luigi Serazzi, la ditta Bergomi con il signor Guido Bergomi, Leonardo Cosmai di Censi, Stefano Pistocchini di Farmigea. Un grazie speciale va all'Università di Milano, facoltà di Scienze motorie e in particolare all'amico professor Arsenio Veicsteinas, titolare della cattedra di fisiologia e direttore dell'IEFSAS che mi ha seguito con passione insieme al dottor Merati e a tutti i collaboratori dell'Istituto.

Con immensa gratitudine ringrazio Franco Nava, il mio fantastico allenatore, responsabile della palestra del Malaspina Sporting Club di San Felice, e Daniele Tonani, capo spedizione di entrambe le imprese. Insieme ai tanti amici e collaboratori che mi hanno sostenuta in ogni momento, un ringraziamento particolare va all'insostituibile Luisella Mariani, a Dario Negri e a Maurizio Di Maggio. Ringrazio anche Antonia La Pietra.

Per finire, un abbraccio riconoscente a tutti coloro che in questi anni hanno seguito le mie imprese con entusiasmo e che con il sostegno del loro affetto mi hanno stimolata ad andare avanti per continuare a sognare e a far sognare.

INDICE

EXPLOITS

Arnesen L. – Bancroft A., *Nessun orizzonte è troppo lontano*
Albanov Valerian, *Nella terra della morte bianca*
Boardman Peter, *La montagna di luce*
Buscaini Gino – Metzeltin Silvia, *Patagonia*
Clerici Gianni, *Divina*
Coffey Maria, *Confine incerto*
Coffey Maria, *L'ombra della montagna*
Cross Wilbur, *Disastro al Polo*
De la Ferrière Laurence, *A piedi sul ghiaccio*
Destivelle Catherine, *Verticali*
Diemberger Kurt, *K2 Il nodo infinito*
Drury Bob, *Una stagione da eroi*
Ferrari A. Marco, *Il vuoto alle spalle*
Ferrari A. Marco, *Terraferma*
Flannery Tim, *L'ultima tribù*
Frison-Roche R., *Storia dell'Alpinismo* (esaurito)
Gobetti A. – Mariani F., *Drammi e diaframmi* (esaurito)
Gonzales Laurence, *Le regole dell'avventura*
Goss Pete, *Una corsa nel vento*
Heller Peter, *Precipizi liquidi*
Herzog Maurice, *Annapurna. Il primo 8000*
Hill Julia Butterfly, *La ragazza sull'albero*
Jackson M. – Stark E., *Tende tra le nuvole*
Kammerlander Hans, *Appeso a un filo di seta*
Kammerlander Hans, *Malato di montagna*
Kammerlander Hans, *Sopra e sotto*
Krakauer Jon, *Aria sottile*
Krakauer Jon, *Il silenzio del vento*

Lansing Alfred, *Endurance*
Maraini Fosco, *Ore giapponesi*
Maraini Fosco, *Segreto Tibet*
Messner Reinhold, *K2 Chogori*
Messner Reinhold, *La Montagna Nuda*
Moro Simone, *Cometa sull'Annapurna*
O'Connell Nicholas, *Oltre il rischio*
Perrotti Carla, *Deserti*
Perrotti Carla, *Silenzi di sabbia*
Piccard B. – Jones B., *L'ultima grande avventura*
Popescu Petru, *Dove comincia il tempo*
Rawicz Slawomir, *Tra noi e la libertà*
Tenberken Sabriye, *La mia strada porta in Tibet*
Verni Pietro, *Mustang, Ultimo Tibet*
Williams Stanley, *Sopravvivere all'inferno*

CARLA PERROTTI
DESERTI

Carla Perrotti è stata la prima donna ad attraversare il deserto del Tenéré, nel Sahara, al seguito della mitica carovana del sale dei tuareg. È stata la prima persona ad aver attraversato in solitario il Salar de Uyuni in Bolivia, il più alto e vasto lago salato della terra. Ed è la prima donna ad aver attraversato il deserto del Kalahari. Le sue imprese straordinarie non sono motivate dal desiderio di sfidare una natura ostile, di dimostrare qualcosa a qualcuno, di sfidare il fato. Il deserto, per lei, nelle sue varie manifestazioni, rappresenta la Natura e il suo desiderio è quello di entrare in sintonia con essa, divenire tutt'uno, viverne la profonda armonia. Il suo libro parla di viaggio, di avventura, di profonde emozioni e di sensazioni esaltanti, ma è soprattutto un libro che parla dell'armonia con la natura e quindi con la vita.
Deserti, uscito nel 1998, è ormai alla sua settima edizione.

CATHERINE DESTIVELLE
VERTICALI

Le sue prime scalate le ha compiute in falesia a Fontainebleau da ragazzina e, dopo aver praticato il free climbing per puro divertimento, Catherine Destivelle a venticinque anni è entrata nel mondo della competizione dove ha ottenuto più volte il titolo di campionessa mondiale. Unica donna ad aver superato un ottavo grado in falesia, la Destivelle decide di abbandonare le gare per tentare imprese tecnicamente quasi impossibili ma a lei più congeniali: ripete il pilone Bonatti del Petit Dru e poi apre in solitaria una nuova via, scala in diciassette ore la mitica parete nord dell'Eiger, prova l'ebbrezza degli ottomila raggiungendo la vetta dello Shishapangma, va in Antartide. Alpinista, fisioterapista e mamma, la Destivelle racconta in questo libro l'equilibrio perfetto che è riuscita a raggiungere, facendo della montagna e dell'alpinismo la sua grande passione, ma senza rinunciare a vivere «una vita normale».

PETER HELLER
PRECIPIZI LIQUIDI

La gola del fiume Tsangpo è stata per secoli avvolta nel più fitto mistero; è la gola più profonda del mondo, tre volte più del Grand Canyon. Il fiume Tsangpo, con i suoi 1500 chilometri, attraversa il Tibet da est a ovest a 3000 metri di altitudine, e quando entra nella gola perde quota rapidissimamente nell'arco di soli 200 chilometri. Tutti i tentativi di discendere il fiume, incluso quello del 1998 che ha visto la morte del famoso kayakista Doug Gordon, sono falliti. Se qualcuno può farcela è il gruppo guidato da Scott Lindgren, la cui specialità è proprio la discesa di fiumi impossibili con l'inseparabile telecamera con la quale ha realizzato spettacolari filmati delle sue avventure. *Precipizi liquidi* è il racconto di questa impresa, degli uomini che ne sono stati protagonisti e dello straordinario pezzo di mondo che con la sua bellezza, la sua natura estrema e il suo valore simbolico di luogo mitologico, è protagonista quanto o forse più ancora degli uomini che lo hanno affrontato.

Finito di stampare
nel mese di giugno 2005
per conto della Casa Editrice Corbaccio s.r.l.
da Mondadori Printing S.p.A.
Stabilimento N.S.M. - Cles (TN)
Printed in Italy

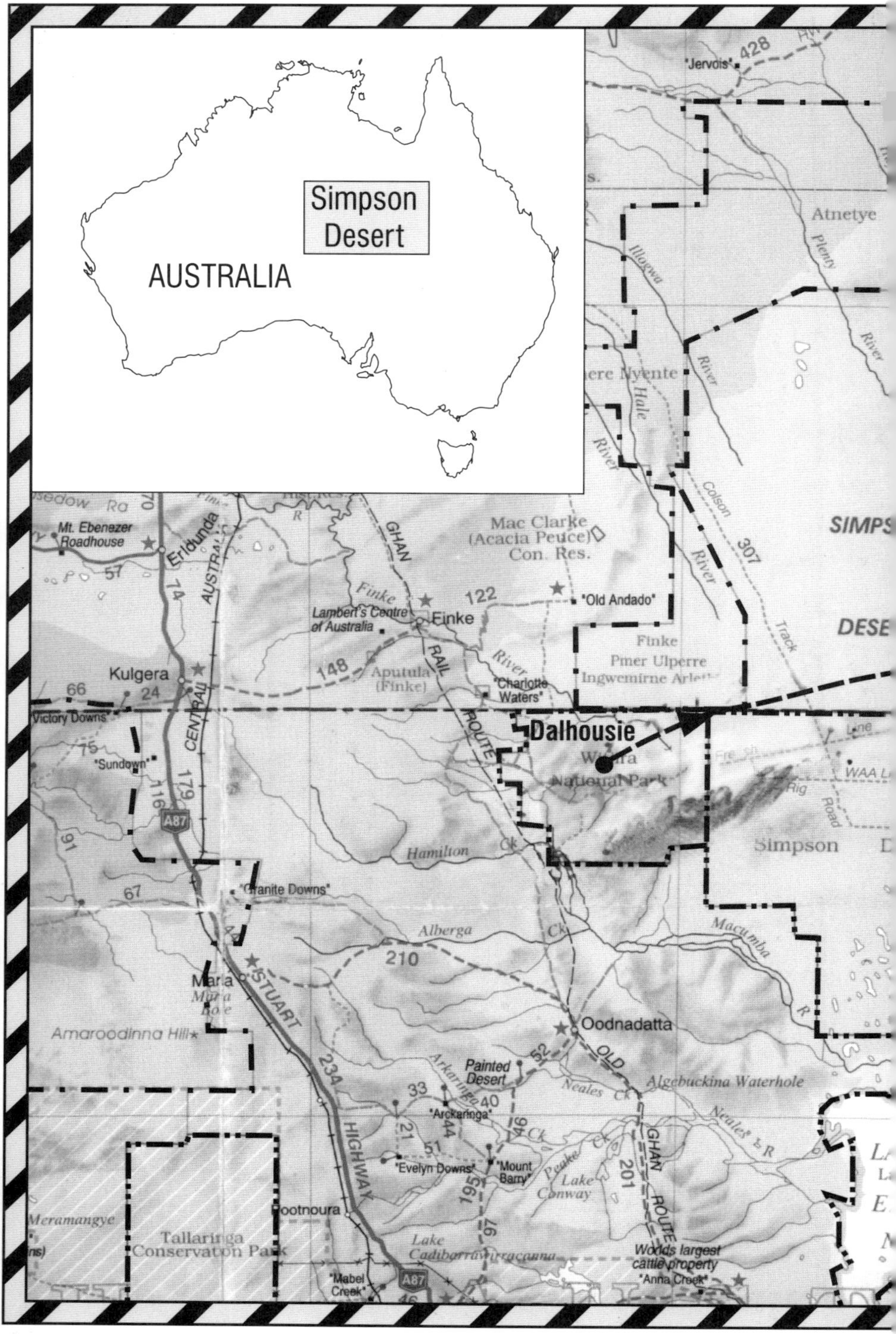

Simpson
Desert
AUSTRALIA
"Jervois"
428
Atnetye
Plenty
River
Illogwa
Hale
River
Colson
River
307
Track
SIMPS
DESE
Mac Clarke
(Acacia Peuce)
Con. Res.
"Old Andado"
122
Finke
Lambert's Centre of Australia
GHAN
RAIL
ROUTE
Finke
Pmer Ulperre
Ingwemirne Arlett
Mt. Ebenezer Roadhouse
Erldunda
57
74
AUSTRAL
CENTRAL
Kulgera
148
Aputula (Finke)
River
"Charlotte Waters"
66
24
Victory Downs
Dalhousie
Witjira
National Park
WAA L
Rig
Road
Simpson
75
"Sundown"
116
179
A87
91
Hamilton
Ck
67
"Granite Downs"
Alberga
Ck
Macumba
210
Marla
Marla Bore
STUART
Amaroodinna Hill
Oodnadatta
OLD
Painted Desert
52
Arkaringa
33
40
Algebuckina Waterhole
Neales
Ck
234
"Arckaringa"
44
46
21
51
"Evelyn Downs"
"Mount Barry"
Peake
Lake Conway
GHAN
201
ROUTE
HIGHWAY
195
Cootnoura
Meramangye
Tallaringa
Conservation Park
Lake
Cadibarrawirracanna
Worlds largest
cattle property
"Anna Creek"
"Mabel Creek"
A87